NE 능률

기본 연산 Check-Book

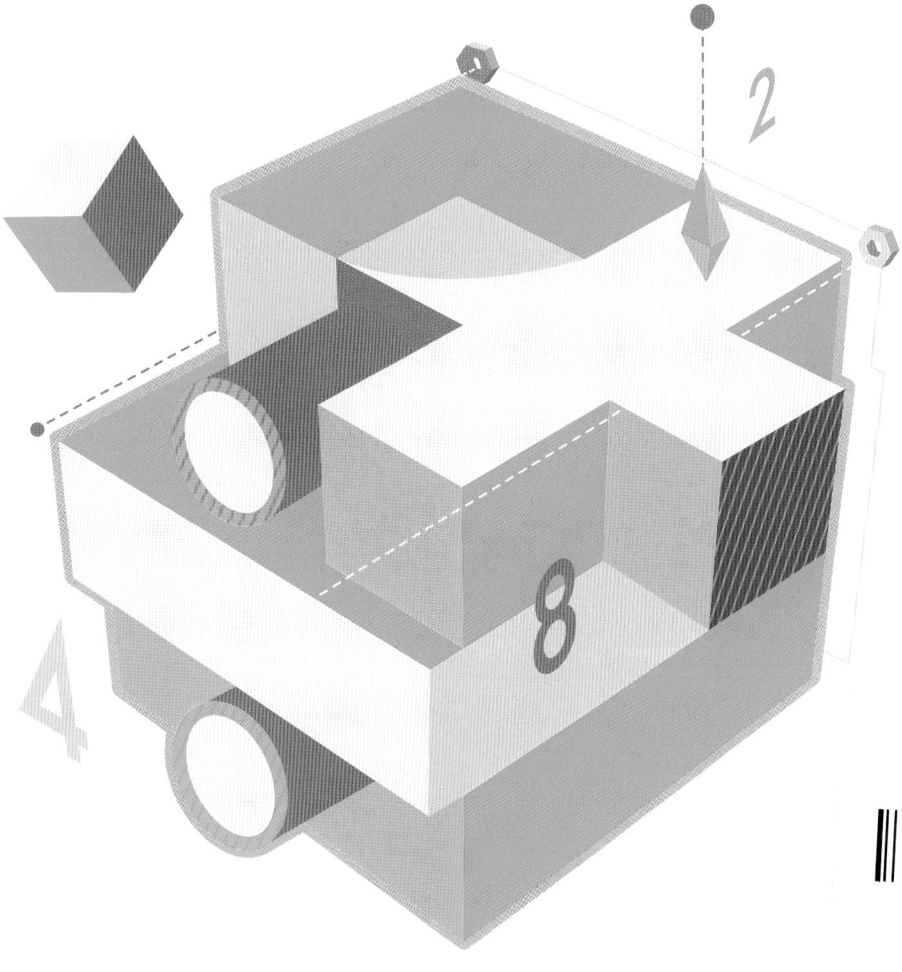

초등2 4호

곱셈과 나눗셈 구구

1주 나눗셈

❶ 8÷2=□

- 8을 2로 나누면 □가 됩니다.
- 8 나누기 2는 □와 같습니다.
- 8을 2로 나눈 몫은 □입니다.

❷ 24÷6=□

- 24를 6으로 나누면 □가 됩니다.
- 24 나누기 6은 □와 같습니다.
- 24를 6으로 나눈 몫은 □입니다.

❸ 15÷3=□

- 15를 3으로 나누면 □가 됩니다.
- 15 나누기 3은 □와 같습니다.
- 15를 3으로 나눈 몫은 □입니다.

❹ 32÷4=□

- 32를 4로 나누면 □이 됩니다.
- 32 나누기 4는 □과 같습니다.
- 32를 4로 나눈 몫은 □입니다.

자르는 선

❺ $9 \div 3 =$ □

- 9를 3으로 나누면 □이 됩니다.
- 9 나누기 3은 □과 같습니다.
- 9를 3으로 나눈 몫은 □입니다.

❻ $10 \div 2 =$ □

- 10을 2로 나누면 □가 됩니다.
- 10 나누기 2는 □와 같습니다.
- 10을 2로 나눈 몫은 □입니다.

❼ $16 \div 4 =$ □

- 16을 4로 나누면 □가 됩니다.
- 16 나누기 4는 □와 같습니다.
- 16을 4로 나눈 몫은 □입니다.

❽ $18 \div 3 =$ □

- 18을 3으로 나누면 □이 됩니다.
- 18 나누기 3은 □과 같습니다.
- 18을 3으로 나눈 몫은 □입니다.

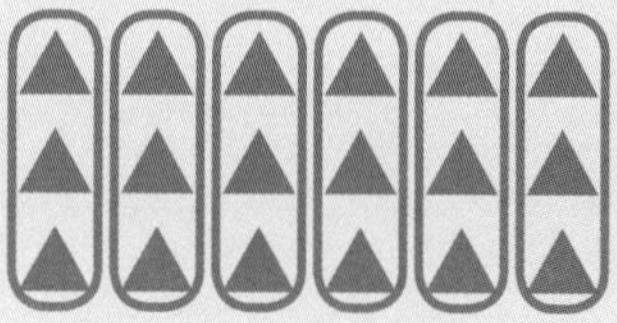

자르는 선

2주 곱셈과 나눗셈의 관계

❶ $6\times8=48$

$48\div6=\square$

$48\div8=\square$

❷ $3\times2=6$

$6\div3=\square$

$6\div2=\square$

❸ $8\times9=72$

$72\div8=\square$

$72\div9=\square$

❹ $5\times7=35$

$35\div5=\square$

$35\div7=\square$

❺ $9\times7=63$

$63\div9=\square$

$63\div7=\square$

❻ $3\times7=21$

$21\div3=\square$

$21\div7=\square$

❼ $4\times7=28$

$28\div4=\square$

$28\div7=\square$

❽ $5\times4=20$

$20\div5=\square$

$20\div4=\square$

❾ $7\times2=14$

$14\div7=\square$

$14\div2=\square$

❿ $5\times6=30$

$30\div5=\square$

$30\div6=\square$

⓫ $9\times5=45$

$45\div9=\square$

$45\div5=\square$

⓬ $8\times4=32$

$32\div4=\square$

$32\div8=\square$

자르는 선

월 일

⑬ $4 \times 9 = 36$

$36 \div 4 = \square$

$36 \div 9 = \square$

⑭ $2 \times 4 = 8$

$8 \div 2 = \square$

$8 \div 4 = \square$

⑮ $4 \times 3 = 12$

$12 \div 4 = \square$

$12 \div 3 = \square$

⑯ $5 \times 4 = 20$

$20 \div 5 = \square$

$20 \div 4 = \square$

⑰ $8 \times 7 = 56$

$56 \div 8 = \square$

$56 \div 7 = \square$

⑱ $9 \times 6 = 54$

$54 \div 9 = \square$

$54 \div 6 = \square$

⑲ $7 \times 4 = 28$

$28 \div 7 = \square$

$28 \div 4 = \square$

⑳ $6 \times 7 = 42$

$42 \div 6 = \square$

$42 \div 7 = \square$

㉑ $5 \times 8 = 40$

$40 \div 5 = \square$

$40 \div 8 = \square$

㉒ $5 \times 6 = 30$

$30 \div 5 = \square$

$30 \div 6 = \square$

㉓ $8 \times 3 = 24$

$24 \div 8 = \square$

$24 \div 3 = \square$

㉔ $7 \times 8 = 56$

$56 \div 7 = \square$

$56 \div 8 = \square$

자르는 선

3주 나눗셈구구 (1)

❶ $72 \div 9 =$ 7 / (8)	❷ $6 \div 6 =$ 1 / 2	❸ $15 \div 3 =$ 4 / 5
❹ $28 \div 4 =$ 7 / 8	❺ $49 \div 7 =$ 8 / 7	❻ $18 \div 9 =$ 3 / 2
❼ $40 \div 8 =$ 5 / 6	❽ $4 \div 1 =$ 2 / 4	❾ $42 \div 6 =$ 7 / 8
❿ $28 \div 7 =$ 5 / 4	⓫ $32 \div 4 =$ 4 / 8	⓬ $30 \div 5 =$ 6 / 5
⓭ $18 \div 6 =$ 3 / 4	⓮ $15 \div 5 =$ 3 / 2	⓯ $32 \div 8 =$ 3 / 4
⓰ $18 \div 3 =$ 7 / 6	⓱ $12 \div 2 =$ 6 / 5	⓲ $2 \div 2 =$ 2 / 1
⓳ $18 \div 2 =$ 9 / 8	⓴ $81 \div 9 =$ 8 / 9	㉑ $12 \div 4 =$ 3 / 4

자르는 선

월 일

㉒ $14 \div 2 =$ 7 / 6	㉓ $8 \div 2 =$ 3 / 4	㉔ $6 \div 1 =$ 6 / 5
㉕ $36 \div 9 =$ 5 / 4	㉖ $28 \div 4 =$ 6 / 7	㉗ $36 \div 9 =$ 4 / 5
㉘ $63 \div 7 =$ 9 / 8	㉙ $9 \div 3 =$ 2 / 3	㉚ $14 \div 7 =$ 3 / 2
㉛ $48 \div 8 =$ 5 / 6	㉜ $25 \div 5 =$ 5 / 4	㉝ $30 \div 6 =$ 6 / 5
㉞ $8 \div 4 =$ 2 / 3	㉟ $9 \div 9 =$ 1 / 2	㊱ $14 \div 2 =$ 7 / 6
㊲ $40 \div 5 =$ 9 / 8	㊳ $64 \div 8 =$ 8 / 7	㊴ $36 \div 4 =$ 8 / 9
㊵ $7 \div 7 =$ 1 / 2	㊶ $36 \div 6 =$ 5 / 6	㊷ $24 \div 8 =$ 4 / 3

자르는 선

4주

나눗셈구구 (2)

❶ $42 \div 7 = \square$
❷ $20 \div 5 = \square$
❸ $9 \div 1 = \square$

❹ $15 \div 3 = \square$
❺ $9 \div 3 = \square$
❻ $12 \div 2 = \square$

❼ $8 \div 4 = \square$
❽ $28 \div 4 = \square$
❾ $45 \div 9 = \square$

❿ $3 \div 1 = \square$
⓫ $30 \div 6 = \square$
⓬ $12 \div 6 = \square$

⓭ $42 \div 6 = \square$
⓮ $9 \div 1 = \square$
⓯ $12 \div 3 = \square$

⓰ $20 \div 5 = \square$
⓱ $72 \div 9 = \square$
⓲ $49 \div 7 = \square$

⓳ $72 \div 9 = \square$
⓴ $3 \div 3 = \square$
㉑ $12 \div 4 = \square$

㉒ $2 \div 2 = \square$
㉓ $48 \div 8 = \square$
㉔ $7 \div 7 = \square$

㉕ $72 \div 8 = \square$
㉖ $14 \div 7 = \square$
㉗ $40 \div 5 = \square$

자르는 선

월 일

㉘ $6 \div 6 = \square$ ㉙ $12 \div 6 = \square$ ㉚ $27 \div 9 = \square$

㉛ $9 \div 1 = \square$ ㉜ $16 \div 2 = \square$ ㉝ $8 \div 8 = \square$

㉞ $10 \div 5 = \square$ ㉟ $56 \div 8 = \square$ ㊱ $28 \div 7 = \square$

㊲ $64 \div 8 = \square$ ㊳ $15 \div 5 = \square$ ㊴ $25 \div 5 = \square$

㊵ $54 \div 9 = \square$ ㊶ $4 \div 4 = \square$ ㊷ $24 \div 3 = \square$

㊸ $48 \div 6 = \square$ ㊹ $54 \div 9 = \square$ ㊺ $24 \div 4 = \square$

㊻ $20 \div 4 = \square$ ㊼ $28 \div 7 = \square$ ㊽ $9 \div 1 = \square$

㊾ $21 \div 3 = \square$ ㊿ $5 \div 1 = \square$ 51 $4 \div 2 = \square$

52 $6 \div 2 = \square$ 53 $27 \div 3 = \square$ 54 $42 \div 6 = \square$

자르는 선

5주 □가 있는 나눗셈

❶ $18 \div \square = 2$ ❷ $8 \div \square = 4$ ❸ $16 \div \square = 4$

❹ $25 \div \square = 5$ ❺ $56 \div \square = 8$ ❻ $4 \div \square = 2$

❼ $6 \div \square = 6$ ❽ $36 \div \square = 6$ ❾ $35 \div \square = 5$

❿ $36 \div \square = 9$ ⓫ $10 \div \square = 2$ ⓬ $6 \div \square = 1$

⓭ $56 \div \square = 7$ ⓮ $27 \div \square = 9$ ⓯ $64 \div \square = 8$

⓰ $21 \div \square = 3$ ⓱ $24 \div \square = 3$ ⓲ $27 \div \square = 3$

⓳ $2 \div \square = 1$ ⓴ $45 \div \square = 5$ ㉑ $7 \div \square = 7$

㉒ $8 \div \square = 4$ ㉓ $4 \div \square = 1$ ㉔ $18 \div \square = 6$

㉕ $48 \div \square = 8$ ㉖ $7 \div \square = 7$ ㉗ $45 \div \square = 9$

자르는 선

월 일

㉘ $42 \div \square = 6$ ㉙ $42 \div \square = 7$ ㉚ $14 \div \square = 7$

㉛ $21 \div \square = 7$ ㉜ $8 \div \square = 4$ ㉝ $64 \div \square = 8$

㉞ $16 \div \square = 2$ ㉟ $54 \div \square = 6$ ㊱ $18 \div \square = 6$

㊲ $15 \div \square = 3$ ㊳ $56 \div \square = 8$ ㊴ $5 \div \square = 5$

㊵ $10 \div \square = 5$ ㊶ $45 \div \square = 9$ ㊷ $10 \div \square = 2$

㊸ $5 \div \square = 1$ ㊹ $2 \div \square = 2$ ㊺ $36 \div \square = 9$

㊻ $4 \div \square = 4$ ㊼ $12 \div \square = 3$ ㊽ $24 \div \square = 4$

㊾ $81 \div \square = 9$ ㊿ $3 \div \square = 1$ (51) $21 \div \square = 3$

(52) $48 \div \square = 8$ (53) $40 \div \square = 5$ (54) $9 \div \square = 1$

자르는 선

6주 나눗셈 문제 해결

❶ $15 \div 5 = \square$

❷ $36 \div \square = 9$

❸ $\square \div 7 = 1$

❹ $18 \div 3 = \square$

❺ $12 \div \square = 4$

❻ $\square \div 3 = 7$

❼ $1 \div 1 = \square$

❽ $9 \div \square = 1$

❾ $\square \div 1 = 5$

❿ $16 \div 2 = \square$

⓫ $10 \div \square = 2$

⓬ $\square \div 5 = 9$

⓭ $28 \div 4 = \square$

⓮ $64 \div \square = 8$

⓯ $\square \div 8 = 3$

⓰ $45 \div 9 = \square$

⓱ $12 \div \square = 6$

⓲ $\square \div 9 = 8$

⓳ $63 \div 7 = \square$

⓴ $30 \div \square = 5$

㉑ $\square \div 4 = 6$

㉒ $24 \div 6 = \square$

㉓ $63 \div \square = 7$

㉔ $\square \div 2 = 2$

㉕ $16 \div 8 = \square$

㉖ $21 \div \square = 3$

㉗ $\square \div 6 = 4$

자르는 선

6주 나눗셈 문제 해결

월 일

㉘ $12 \div 6 = \square$

㉙ $40 \div \square = 5$

㉚ $\square \div 3 = 3$

㉛ $9 \div 1 = \square$

㉜ $21 \div \square = 7$

㉝ $\square \div 2 = 4$

㉞ $56 \div 8 = \square$

㉟ $81 \div \square = 9$

㊱ $\square \div 5 = 5$

㊲ $10 \div 2 = \square$

㊳ $3 \div \square = 3$

㊴ $\square \div 9 = 6$

㊵ $9 \div 3 = \square$

㊶ $40 \div \square = 8$

㊷ $\square \div 7 = 9$

㊸ $5 \div 5 = \square$

㊹ $8 \div \square = 4$

㊺ $\square \div 8 = 1$

㊻ $36 \div 9 = \square$

㊼ $8 \div \square = 2$

㊽ $\square \div 4 = 7$

㊾ $32 \div 4 = \square$

㊿ $6 \div \square = 1$

51 $\square \div 6 = 2$

52 $42 \div 7 = \square$

53 $42 \div \square = 6$

54 $\square \div 1 = 8$

자르는 선

7주 곱셈과 나눗셈

❶ $5\times9=\square$

❷ $72\div8=\square$

❸ $6\times6=\square$

❹ $3\times1=\square$

❺ $8\div1=\square$

❻ $2\times3=\square$

❼ $4\times4=\square$

❽ $28\div4=\square$

❾ $4\times8=\square$

❿ $8\times6=\square$

⓫ $10\div2=\square$

⓬ $8\times4=\square$

⓭ $9\times2=\square$

⓮ $42\div7=\square$

⓯ $3\times9=\square$

⓰ $2\times5=\square$

⓱ $15\div5=\square$

⓲ $9\times1=\square$

⓳ $7\times8=\square$

⓴ $3\div3=\square$

㉑ $5\times7=\square$

㉒ $6\times7=\square$

㉓ $36\div9=\square$

㉔ $1\times5=\square$

㉕ $1\times3=\square$

㉖ $12\div6=\square$

㉗ $7\times2=\square$

자르는 선

월 일

㉘ 35÷□=7 ㉙ 9×□=9 ㉚ 3÷□=1

㉛ 36÷□=6 ㉜ 7×□=14 ㉝ 35÷□=5

㉞ 64÷□=8 ㉟ 5×□=40 ㊱ 18÷□=2

㊲ 45÷□=5 ㊳ 8×□=40 ㊴ 8÷□=8

㊵ 4÷□=4 ㊶ 3×□=27 ㊷ 35÷□=7

㊸ 7÷□=1 ㊹ 2×□=8 ㊺ 12÷□=6

㊻ 10÷□=5 ㊼ 4×□=28 ㊽ 54÷□=9

㊾ 27÷□=9 ㊿ 1×□=6 51 16÷□=4

52 12÷□=3 53 6×□=18 54 24÷□=3

자르는 선

8주 곱셈과 나눗셈 문장제

❶ 8과 6의 곱은 얼마입니까?

□ × □ = □

❷ 소희네 반은 한 모둠에 4명씩 6모둠이 있습니다. 소희네 반 학생들은 모두 몇 명입니까?

□ × □ = □ (명)

❸ 농구 시합에 필요한 선수는 한 팀당 5명입니다. 5팀이 시합에 참가했습니다. 모두 몇 명이 시합에 참가했습니까?

□ × □ = □ (명)

❹ 오렌지가 한 봉지에 7개씩 8봉지가 있습니다. 오렌지는 모두 몇 개 있습니까?

□ × □ = □ (개)

❺ 8명이 연필을 똑같이 4자루씩 가지려면 연필이 몇 자루 필요합니까?

□ × □ = □ (자루)

❻ 운동장에 학생들이 한 줄에 8명씩 6줄로 서 있습니다. 운동장에 줄을 선 학생은 모두 몇 명입니까?

□ × □ = □ (명)

자르는 선

 월 일

❼ 32를 4로 나눈 몫은 얼마입니까?

□ ÷ □ = □

❽ 학생 28명을 4명씩 한 모둠으로 만들면 몇 모둠이 됩니까?

□ ÷ □ = □ (모둠)

❾ 야구 시합에 필요한 선수는 한 팀당 9명입니다. 야구 선수 36명으로 야구팀을 몇 팀 만들 수 있습니까?

□ ÷ □ = □ (팀)

❿ 사과 54개를 한 봉지에 6개씩 담으면 몇 봉지가 됩니까?

□ ÷ □ = □ (봉지)

⓫ 클립 63개를 학생 7명이 똑같이 나누어 가지려고 합니다. 한 학생이 클립을 몇 개씩 가질 수 있습니까?

□ ÷ □ = □ (개)

⓬ 운동장에 학생 28명이 한 줄에 4명씩 서 있습니다. 학생들은 몇 줄로 서 있습니까?

□ ÷ □ = □ (줄)

자르는 선

정 답

1주 나눗셈 (1~2쪽)

(1) 4, 4, 4, 4 (2) 4, 4, 4, 4 (3) 5, 5, 5, 5 (4) 8, 8, 8, 8 (5) 3, 3, 3, 3
(6) 5, 5, 5, 5 (7) 4, 4, 4, 4 (8) 6, 6, 6, 6

2주 곱셈과 나눗셈의 관계 (3~4쪽)

(1) 8, 6 (2) 2, 3 (3) 9, 8 (4) 7, 5 (5) 7, 9 (6) 7, 3 (7) 7, 4 (8) 4, 5 (9) 2, 7 (10) 6, 5 (11) 5, 9 (12) 8, 4
(13) 9, 4 (14) 4, 2 (15) 3, 4 (16) 4, 5 (17) 7, 8 (18) 6, 9 (19) 4, 7 (20) 7, 6 (21) 8, 5 (22) 6, 5 (23) 3, 8 (24) 8, 7

3주 나눗셈구구 (1) (5~6쪽)

(1) 8 (2) 1 (3) 5 (4) 7 (5) 7 (6) 2 (7) 5 (8) 4 (9) 7 (10) 4 (11) 8 (12) 6
(13) 3 (14) 3 (15) 4 (16) 6 (17) 6 (18) 1 (19) 9 (20) 9 (21) 3 (22) 7 (23) 4 (24) 6
(25) 4 (26) 7 (27) 4 (28) 9 (29) 3 (30) 2 (31) 6 (32) 5 (33) 5 (34) 2 (35) 1 (36) 7
(37) 8 (38) 8 (39) 9 (40) 1 (41) 6 (42) 3

4주 나눗셈구구 (2) (7~8쪽)

(1) 6 (2) 4 (3) 9 (4) 5 (5) 3 (6) 6 (7) 2 (8) 7 (9) 5 (10) 3 (11) 5 (12) 2
(13) 7 (14) 9 (15) 4 (16) 4 (17) 8 (18) 7 (19) 8 (20) 1 (21) 3 (22) 1 (23) 6 (24) 1
(25) 9 (26) 2 (27) 8 (28) 1 (29) 2 (30) 3 (31) 9 (32) 8 (33) 1 (34) 2 (35) 7 (36) 4
(37) 8 (38) 3 (39) 5 (40) 6 (41) 1 (42) 8 (43) 8 (44) 6 (45) 6 (46) 5 (47) 4 (48) 9
(49) 7 (50) 5 (51) 2 (52) 3 (53) 9 (54) 7

5주 □가 있는 나눗셈 (9~10쪽)

(1) 9 (2) 2 (3) 4 (4) 5 (5) 7 (6) 2 (7) 1 (8) 6 (9) 7 (10) 4 (11) 5 (12) 6
(13) 8 (14) 3 (15) 8 (16) 7 (17) 8 (18) 9 (19) 2 (20) 9 (21) 1 (22) 2 (23) 4 (24) 3
(25) 6 (26) 1 (27) 5 (28) 7 (29) 6 (30) 2 (31) 3 (32) 2 (33) 8 (34) 8 (35) 9 (36) 3
(37) 5 (38) 7 (39) 1 (40) 2 (41) 5 (42) 5 (43) 5 (44) 1 (45) 4 (46) 1 (47) 4 (48) 6
(49) 9 (50) 3 (51) 7 (52) 6 (53) 8 (54) 9

6주 나눗셈 문제 해결 (11~12쪽)

(1) 3 (2) 4 (3) 7 (4) 6 (5) 3 (6) 21 (7) 1 (8) 9 (9) 5 (10) 8 (11) 5 (12) 45
(13) 7 (14) 8 (15) 24 (16) 5 (17) 2 (18) 72 (19) 9 (20) 6 (21) 24 (22) 4 (23) 9 (24) 4
(25) 2 (26) 7 (27) 24 (28) 2 (29) 8 (30) 9 (31) 9 (32) 3 (33) 8 (34) 7 (35) 9 (36) 25
(37) 5 (38) 1 (39) 54 (40) 3 (41) 5 (42) 63 (43) 1 (44) 2 (45) 8 (46) 4 (47) 4 (48) 28
(49) 8 (50) 6 (51) 12 (52) 6 (53) 7 (54) 8

7주 곱셈과 나눗셈 (13~14쪽)

(1) 45 (2) 9 (3) 36 (4) 3 (5) 8 (6) 6 (7) 16 (8) 7 (9) 32 (10) 48 (11) 5 (12) 32
(13) 18 (14) 6 (15) 27 (16) 10 (17) 3 (18) 9 (19) 56 (20) 1 (21) 35 (22) 42 (23) 4 (24) 5
(25) 3 (26) 2 (27) 14 (28) 5 (29) 1 (30) 3 (31) 6 (32) 2 (33) 7 (34) 8 (35) 8 (36) 9
(37) 9 (38) 5 (39) 1 (40) 1 (41) 9 (42) 5 (43) 7 (44) 4 (45) 2 (46) 2 (47) 7 (48) 6
(49) 3 (50) 6 (51) 4 (52) 4 (53) 3 (54) 8

8주 곱셈과 나눗셈 문장제 (15~16쪽)

(1) 8, 6, 48 (2) 4, 6, 24 (3) 5, 5, 25 (4) 7, 8, 56 (5) 8, 4, 32 (6) 8, 6, 48
(7) 32, 4, 8 (8) 28, 4, 7 (9) 36, 9, 4 (10) 54, 6, 9 (11) 63, 7, 9 (12) 28, 4, 7

사고셈

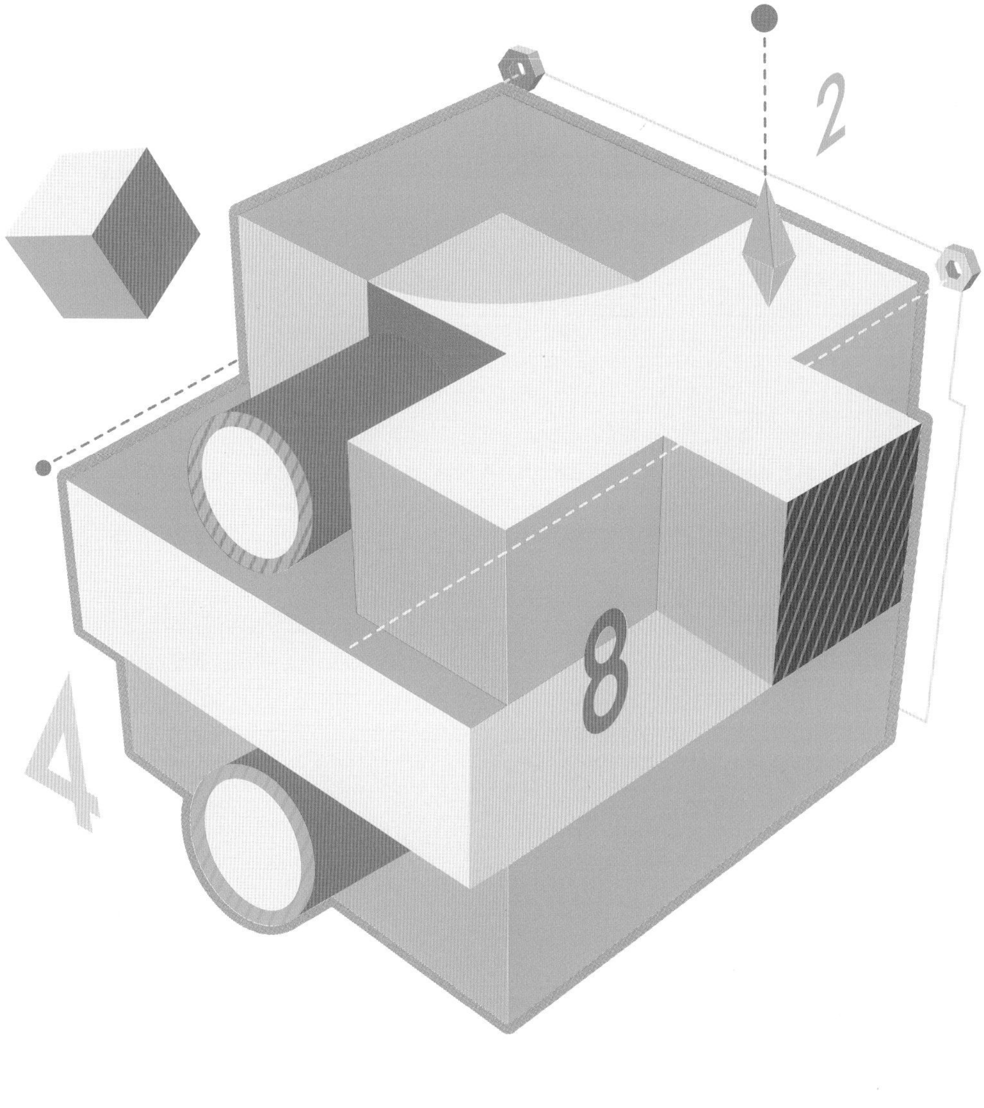

초등2 4호

이 책의 구성과 특징

생각의 힘을 키우는 사고(思考)셈은 1주 4개, 8주 32개의 사고력 유형 학습을 통해 수와 연산에 대한 개념의 응용력(추론 및 문제해결능력)을 키울 수 있도록 하였습니다.

사고력 연산

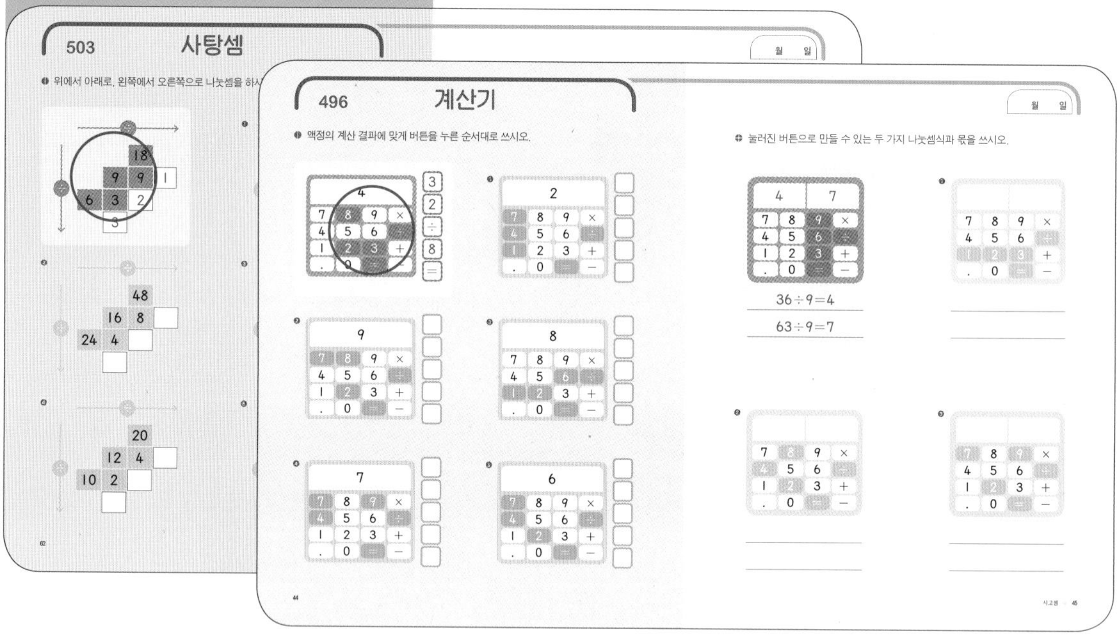

- 대표 사고력 유형으로 연산 원리를 쉽게쉽게
- 1~4일차: 다양한 유형의 주 진도 학습

잘 공부했는지 알아봅시다.

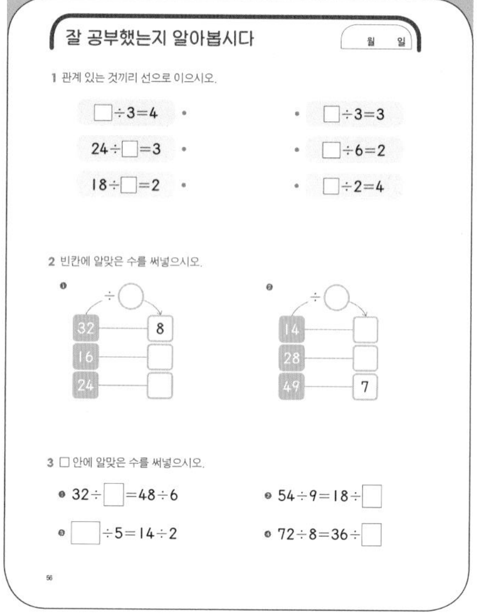

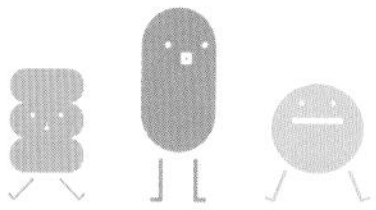

- 5일차 점검 학습: 주 진도 학습 확인

권두부록 (기본연산 Check-Book)

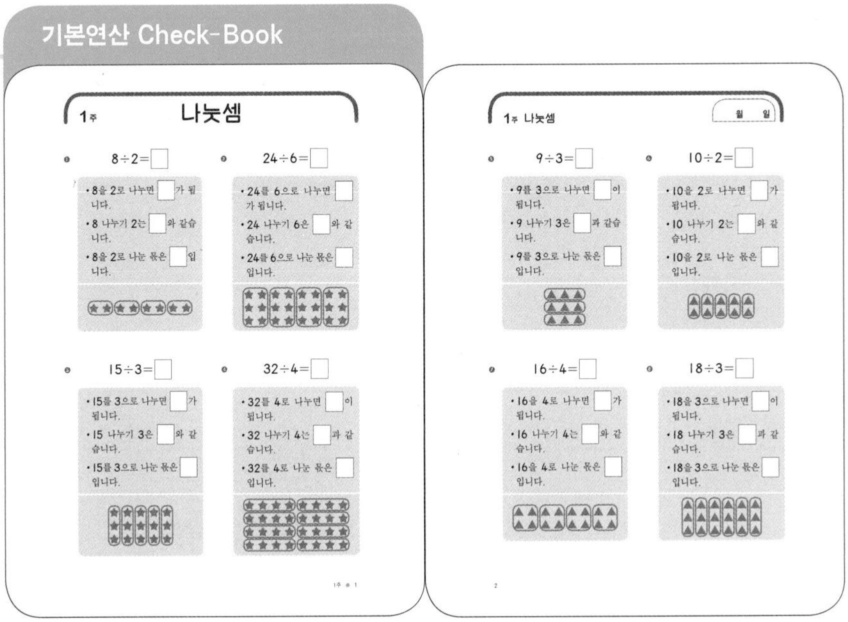
기본연산 Check-Book

1주 나눗셈

8÷2=□
• 8을 2로 나누면 □가 됩니다.
• 8 나누기 2는 □와 같습니다.
• 8을 2로 나눈 몫은 □입니다.

24÷6=□
• 24를 6으로 나누면 □가 됩니다.
• 24 나누기 6은 □와 같습니다.
• 24를 6으로 나눈 몫은 □입니다.

15÷3=□
• 15를 3으로 나누면 □가 됩니다.
• 15 나누기 3은 □와 같습니다.
• 15를 3으로 나눈 몫은 □입니다.

32÷4=□
• 32를 4로 나누면 □이 됩니다.
• 32 나누기 4는 □과 같습니다.
• 32를 4로 나눈 몫은 □입니다.

1주 나눗셈 월 일

9÷3=□
• 9를 3으로 나누면 □이 됩니다.
• 9 나누기 3은 □과 같습니다.
• 9를 3으로 나눈 몫은 □입니다.

10÷2=□
• 10을 2로 나누면 □가 됩니다.
• 10 나누기 2는 □와 같습니다.
• 10을 2로 나눈 몫은 □입니다.

16÷4=□
• 16을 4로 나누면 □가 됩니다.
• 16 나누기 4는 □와 같습니다.
• 16을 4로 나눈 몫은 □입니다.

18÷3=□
• 18을 3으로 나누면 □이 됩니다.
• 18 나누기 3은 □과 같습니다.
• 18을 3으로 나눈 몫은 □입니다.

- 본 학습 전 기본연산 실력 진단

권말부록 (G-Book)

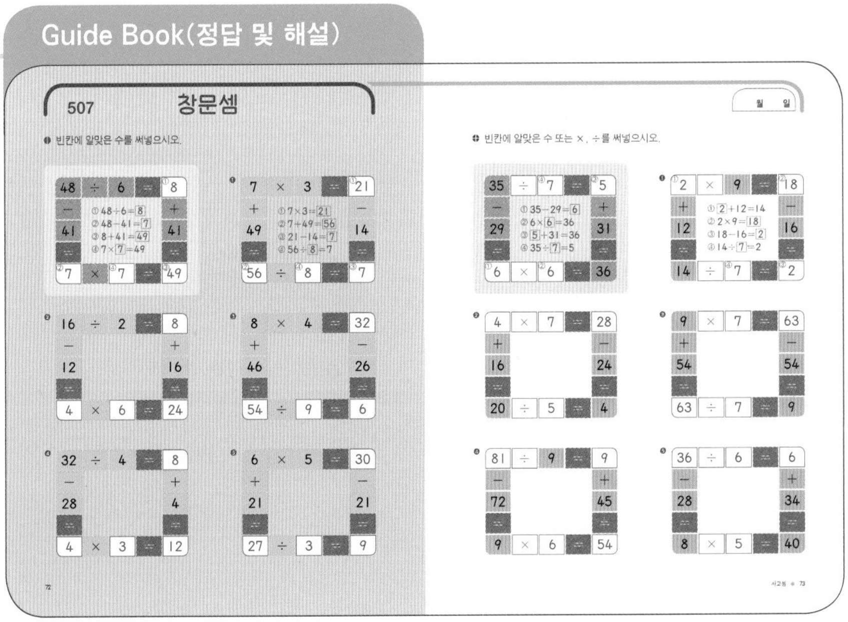
Guide Book(정답 및 해설)

507 창문셈

빈칸에 알맞은 수를 써넣으시오.

빈칸에 알맞은 수 또는 ×, ÷를 써넣으시오.

- 문제와 답을 한 눈에!
- 상세한 풀이와 친절한 해설, 답

학습 효과 및 활용법

학습 효과

- 수학적 사고력 향상
- 생각의 다양성 향상
- 스스로 생각을 만드는 직관 학습
- 추론능력, 문제해결력 향상
- 연산의 원리 이해
- 수·연산 영역 완벽 대비
- 다양한 유형으로 수 조작력 향상
- 진도 학습 및 점검 학습으로 연산 학습 완성

사고셈

주차별 활용법

1단계
기본연산 Check-Book으로 준비 학습

→

2단계
사고력 유형으로 진도 학습

→

3단계
마무리 문제로 점검 학습

1단계 : 기본연산 Check-Book으로 사고력 연산을 위한 준비 학습을 합니다.

2단계 : 사고력 유형으로 사고력 연산의 진도 학습을 합니다.

3단계 : 한 주마다 점검 학습(잘 공부했는지 알아봅시다)으로 사고력 향상을 확인합니다.

학습 구성

6세

1호	10까지의 수
2호	더하기 빼기 1과 2
3호	합이 9까지인 덧셈
4호	한 자리 수의 뺄셈과 세 수의 계산

7세

1호	한 자리 수의 덧셈과 뺄셈
2호	10 만들기
3호	50까지의 수
4호	더하기 빼기 1과 2, 10과 20

초등 1

1호	덧셈구구
2호	뺄셈구구와 덧셈, 뺄셈 혼합
3호	100까지의 수, 1000까지의 수
4호	받아올림, 받아내림 없는 두 자리 수의 계산

초등 2

1호	두 자리 수와 한 자리 수의 덧셈과 뺄셈
2호	두 자리 수의 덧셈과 뺄셈
3호	곱셈구구
4호	곱셈과 나눗셈 구구

초등 3

1호	세·네 자리 수의 덧셈과 뺄셈
2호	분수와 소수의 기초
3호	두 자리 수의 곱셈과 나눗셈
4호	분수

초등 4

1호	분수의 덧셈과 뺄셈
2호	혼합 계산
3호	소수의 덧셈과 뺄셈
4호	어림하기

이 책의 학습 로드맵

START
시작

1주
나눗셈

2주
곱셈과 나눗셈의 관계

3주
나눗셈구구 (1)

4주
나눗셈구구 (2)

5주
□가 있는 나눗셈

6주
나눗셈 문제 해결

7주
곱셈과 나눗셈

8주
곱셈과 나눗셈 문장제

GOAL
완성

1 나눗셈

481 똑같이 나누기

◐ ● 안의 수만큼 나누고, 빈칸에 알맞은 수를 써넣으시오.

20은 (4) 씩 [5] 묶음

❶

15는 (3) 씩 [ ] 묶음

❷

24는 (6) 씩 [ ] 묶음

❸

25는 (5) 씩 [ ] 묶음

❹

16은 (2) 씩 [ ] 묶음

❺

32는 (8) 씩 [ ] 묶음

● 안의 수만큼 나누고, 빈칸에 알맞은 수를 써넣으시오.

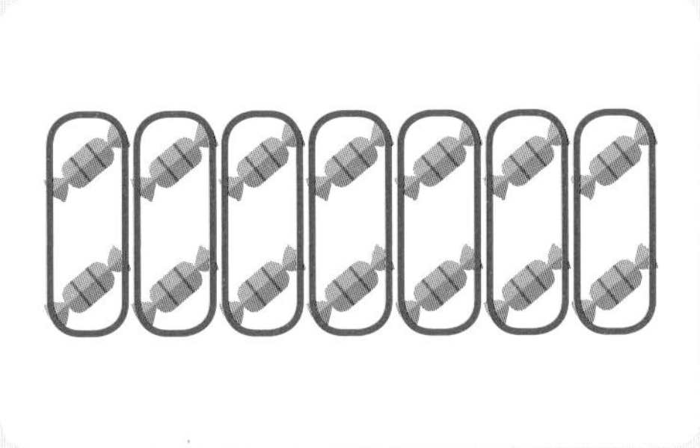

14 ÷ ② = 7

❶

□ ÷ ③ = □

❷

□ ÷ ⑥ = □

❸

□ ÷ ④ = □

❹

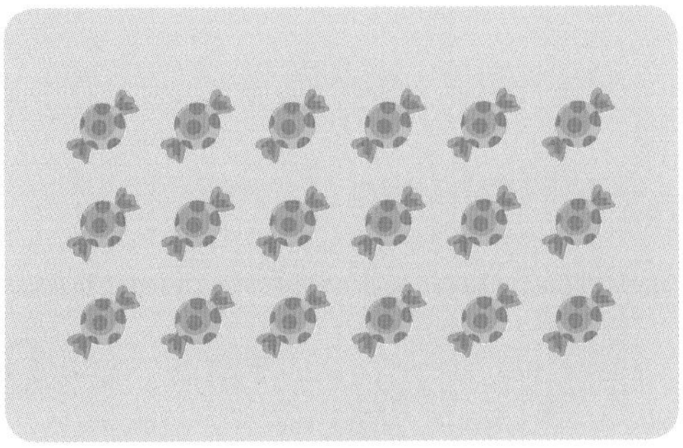

□ ÷ ② = □

❺

□ ÷ ⑤ = □

482 뺄셈식과 나눗셈식

◐ 그림을 보고 뺄셈식과 나눗셈식을 쓰시오.

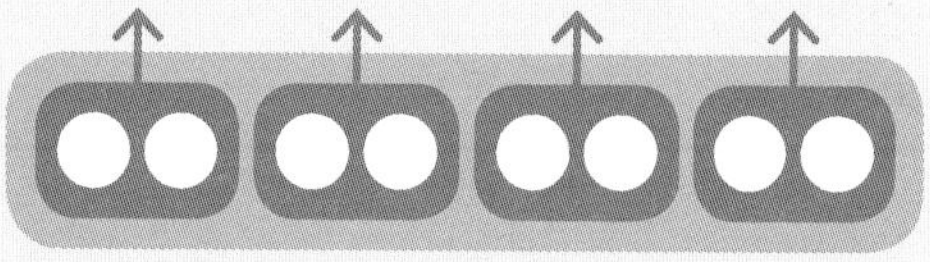

$8-\boxed{2}-\boxed{2}-\boxed{2}-\boxed{2}=0$

$8\div\boxed{2}=\boxed{4}$

❶

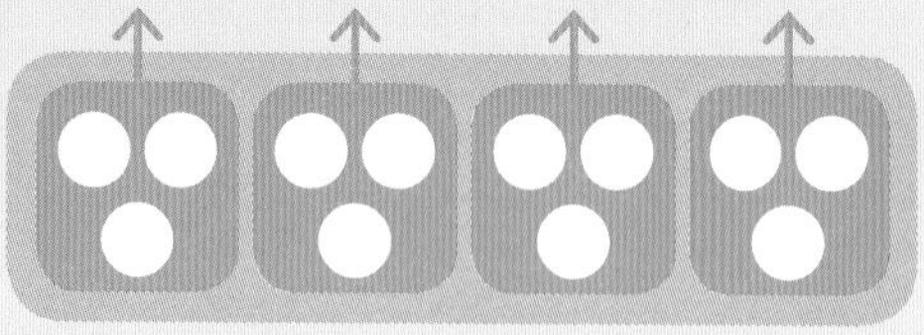

$12-\boxed{}-\boxed{}-\boxed{}-\boxed{}=0$

$12\div\boxed{}=\boxed{}$

❷

$12-\boxed{}-\boxed{}-\boxed{}=0$

$12\div\boxed{}=\boxed{}$

❸

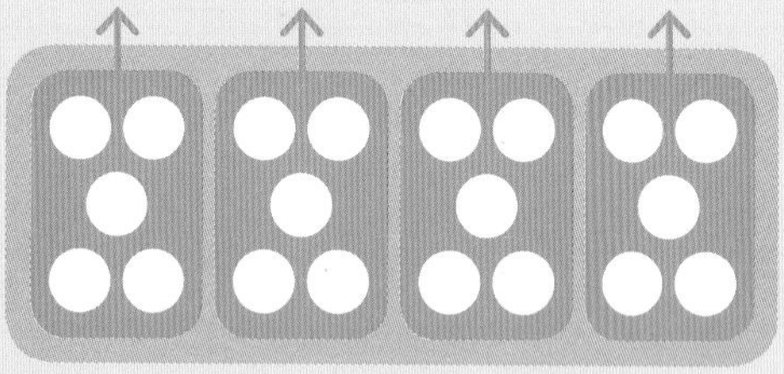

$20-\boxed{}-\boxed{}-\boxed{}-\boxed{}=0$

$20\div\boxed{}=\boxed{}$

❹

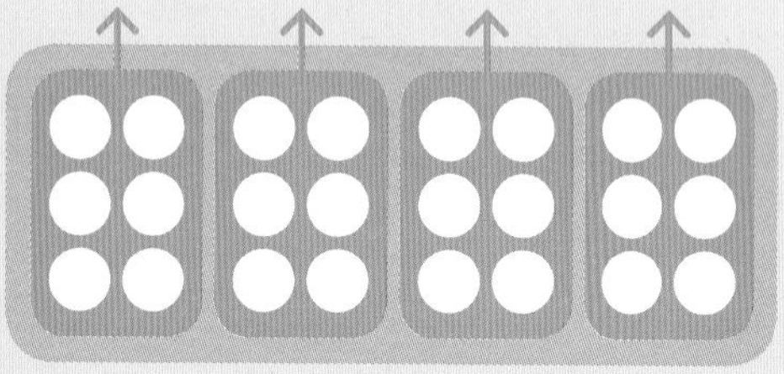

$24-\boxed{}-\boxed{}-\boxed{}-\boxed{}=0$

$24\div\boxed{}=\boxed{}$

⊕ 뺄셈식을 나눗셈식으로 나타내시오.

$12-3-3-3-3=0$ → $12\div3=4$

❶ $16-4-4-4-4=0$ →

❷ $24-8-8-8=0$ →

⊕ 나눗셈식을 뺄셈식으로 나타내시오.

$21\div7=3$ → $21-7-7-7=0$

❸ $8\div2=4$ →

❹ $20\div4=5$ →

483 세로셈

◐ 나눗셈을 세로 형식으로 쓰시오.

24÷3=8

→ $\begin{array}{r} 8 \\ 3\overline{)\,2\;4} \end{array}$

❶ 36÷4=9 →

❷ 72÷9=8 →

❸ 42÷6=7 →

❹ 48÷8=6 →

❺ 24÷8=3 →

❻ 32÷4=8 →

❼ 49÷7=7 →

❽ 18÷6=3 →

❾ 27÷3=9 →

❿ 35÷5=7 →

⓫ 30÷6=5 →

월 일

나눗셈식을 세로 형식으로 쓰고 몫을 구하시오.

$42 \div 7 = \boxed{6}$

$$7\overline{)42}^{\;6}$$

❶ $12 \div 4 = \square$

❷ $20 \div 5 = \square$

❸ $63 \div 7 = \square$

❹ $56 \div 7 = \square$

❺ $27 \div 3 = \square$

❻ $35 \div 5 = \square$

❼ $72 \div 8 = \square$

❽ $25 \div 5 = \square$

484 여러 방법으로 나누기

◐ 가로, 세로로 한 줄씩 묶고 나눗셈식으로 나타내시오.

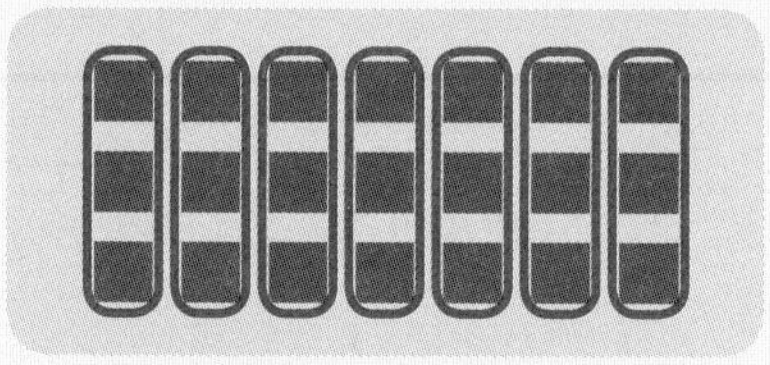

21÷ 3 = 7

21÷ 7 = 3

❶ 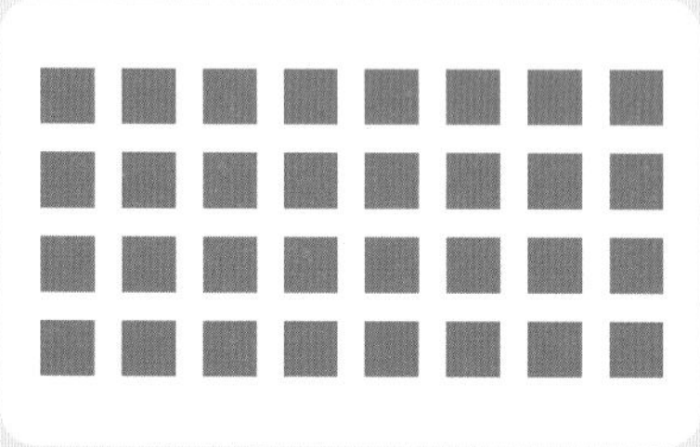

32÷□=□

32÷□=□

❷ 

30÷□=□

30÷□=□

❸ 

28÷□=□

28÷□=□

◆ 묶는 방법을 다르게 하여 나누고, 나눗셈식으로 나타내시오.

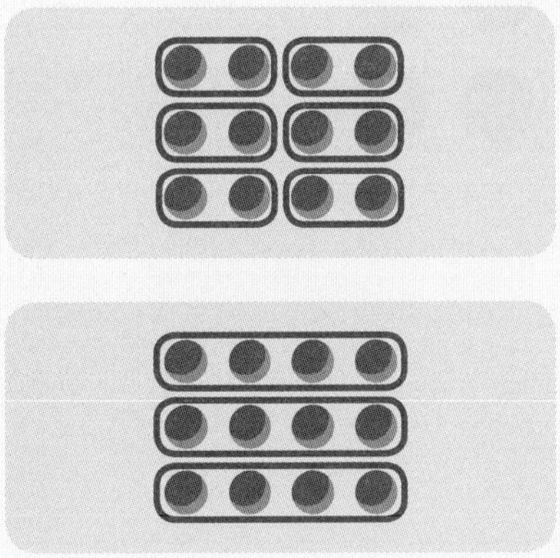

$12 \div \boxed{2} = \boxed{6}$

$12 \div \boxed{3} = \boxed{4}$

$12 \div \boxed{4} = \boxed{3}$

$12 \div \boxed{6} = \boxed{2}$

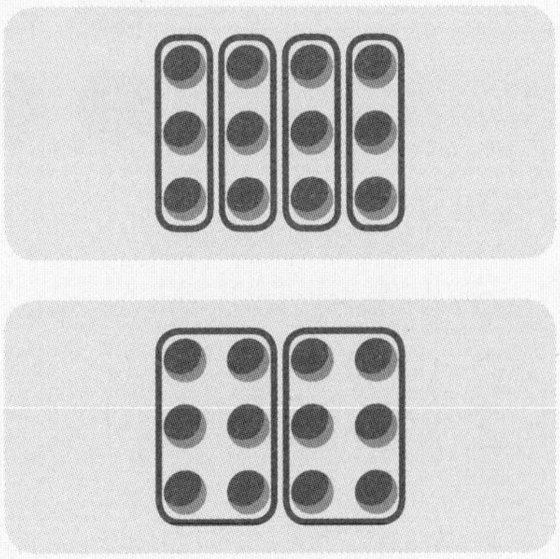

❶

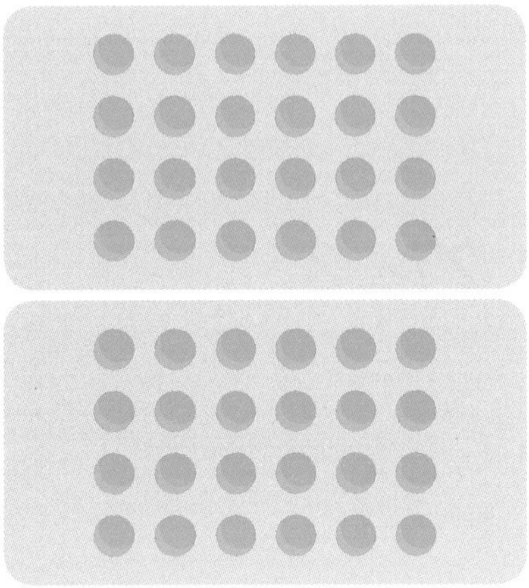

$24 \div \square = \square$

$24 \div \square = \square$

$24 \div \square = \square$

$24 \div \square = \square$

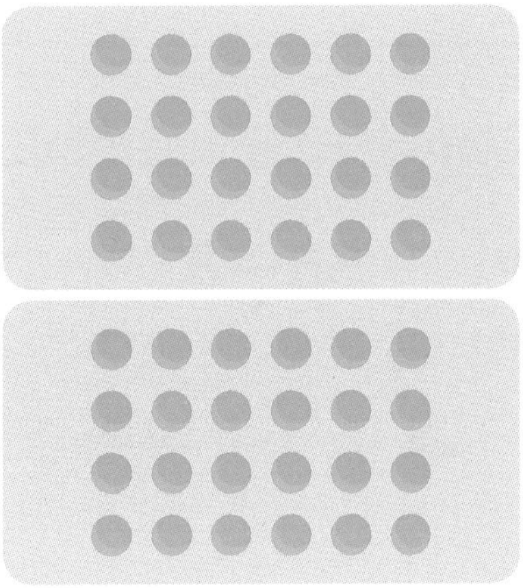

❷

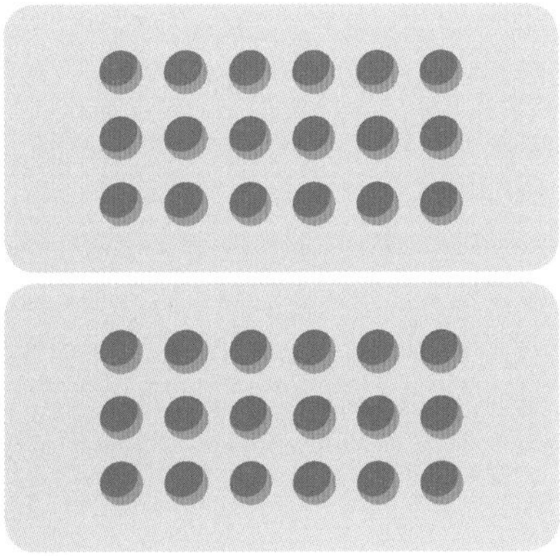

$18 \div \square = \square$

$18 \div \square = \square$

$18 \div \square = \square$

$18 \div \square = \square$

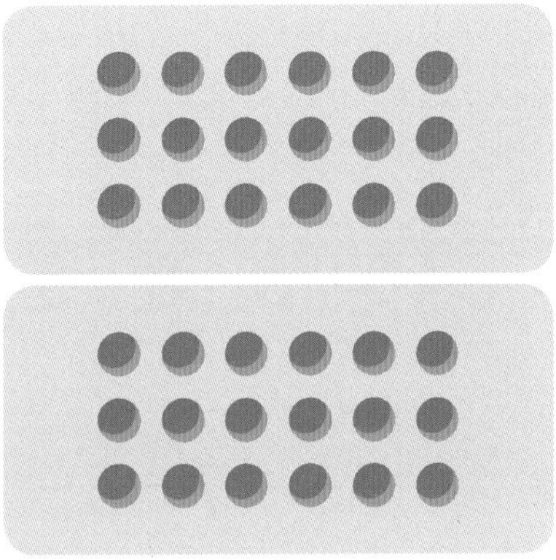

잘 공부했는지 알아봅시다

월 일

1 바둑돌이 18개 있습니다. 물음에 답하시오.

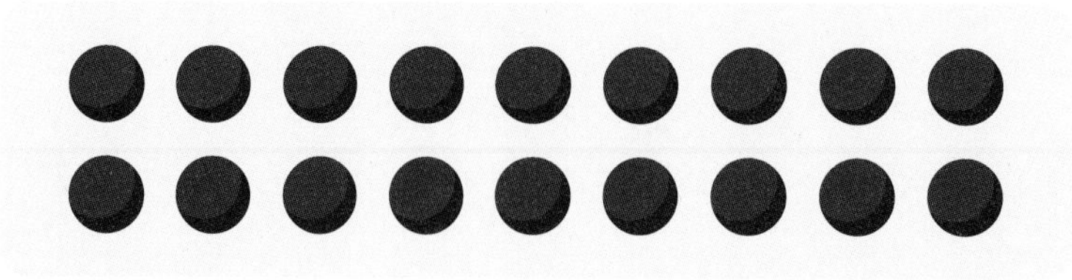

❶ 3개씩 나누어 보시오. 3개씩 모두 몇 묶음입니까?

❷ 2개씩 나누어 보시오. 2개씩 모두 몇 묶음입니까?

❸ 6개씩 나누어 보시오. 6개씩 모두 몇 묶음입니까?

2 다음 나눗셈을 세로 형식으로 나타내고, 몫을 구하시오.

❶ $56 \div 8$ →

❷ $27 \div 3$ →

3 뺄셈식은 나눗셈식으로, 나눗셈식은 뺄셈식으로 나타내시오.

❶ $40-8-8-8-8-8=0$ → ______________________

❷ $35 \div 7 = 5$ → ______________________

2 곱셈과 나눗셈의 관계

485 그림 보고 식 만들기

◐ 그림을 보고 □ 안에 알맞은 수를 써넣으시오.

곱셈식 3 × 6 = 18

6 × 3 = 18

나눗셈식 18 ÷ 3 = 6

18 ÷ 6 = 3

❶

곱셈식 □ × □ = □

□ × □ = □

나눗셈식 □ ÷ □ = □

□ ÷ □ = □

❷

곱셈식 □ × □ = □

□ × □ = □

나눗셈식 □ ÷ □ = □

□ ÷ □ = □

❸

곱셈식 □ × □ = □

□ × □ = □

나눗셈식 □ ÷ □ = □

□ ÷ □ = □

◆ 그림을 이용하여 곱셈식과 나눗셈식을 각각 두 개씩 만드시오.

$3 \times 8 = 24$

$8 \times 3 = 24$

$24 \div 3 = 8$

$24 \div 8 = 3$

❶

❷

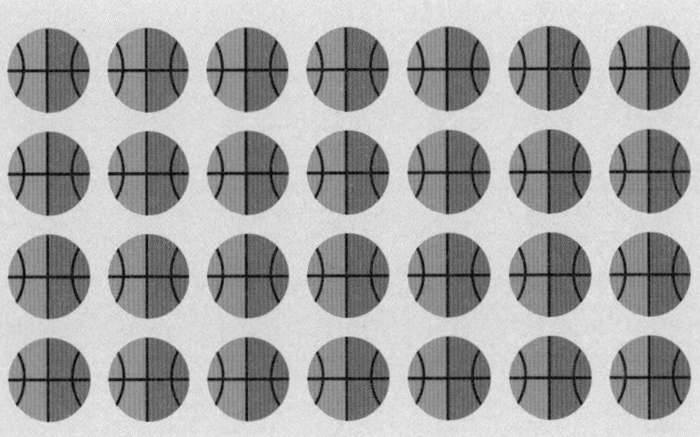

486 곱셈과 나눗셈의 관계

◐ 곱셈식을 보고 나눗셈식을 두 개 만드시오.

$8 \times 4 = 32$ → $32 \div 8 = 4$, $32 \div 4 = 8$

❶ $6 \times 7 = 42$

❷ $9 \times 5 = 45$

❸ $7 \times 3 = 21$

◐ 나눗셈식을 보고 곱셈식을 두 개 만드시오.

$35 \div 5 = 7$ → $5 \times 7 = 35$, $7 \times 5 = 35$

❹ $48 \div 6 = 8$

❺ $72 \div 9 = 8$

❻ $36 \div 9 = 4$

주어진 수를 사용하여 곱셈식과 나눗셈식을 각각 두 개씩 만드시오.

8 56 7

$7 \times 8 = 56$

$8 \times 7 = 56$

$56 \div 7 = 8$

$56 \div 8 = 7$

❶ 4 12 3

$\square \times \square = \square$

$\square \times \square = \square$

$\square \div \square = \square$

$\square \div \square = \square$

❷ 9 18 2

$\square \times \square = \square$

$\square \times \square = \square$

$\square \div \square = \square$

$\square \div \square = \square$

❸ 3 8 24

$\square \times \square = \square$

$\square \times \square = \square$

$\square \div \square = \square$

$\square \div \square = \square$

❹ 63 9 7

$\square \times \square = \square$

$\square \times \square = \square$

$\square \div \square = \square$

$\square \div \square = \square$

487 카드 관계셈

◐ 숫자 카드를 모두 사용하여 곱셈식 또는 나눗셈식을 완성하시오.

0 4 5 8

$40 \div 5 = 8$ (5)40 → 8)

$40 \div 8 = 5$ (8)40 → 5)

❶ 0 1 2 5

□ × □ = □□   □ × □ = □□

❷ 3 5 5 7

□)□□ → □   □)□□ → □

❸ 2 7 8 9

□ × □ = □□   □ × □ = □□

❹ 3 6 7 9

□)□□ → □   □)□□ → □

❺ 1 2 3 7

□ × □ = □□   □ × □ = □□

숫자 카드를 모두 사용하여 곱셈식과 나눗셈식을 각각 두 개씩 만들어 보시오.

숫자 카드: 1, 2, 4, 7

$$2\overline{)14}\ \text{몫}\ 7 \qquad 7\overline{)14}\ \text{몫}\ 2 \qquad 2 \times 7 = 14 \qquad 7 \times 2 = 14$$

❶ 숫자 카드: 2, 4, 7, 8

$$\square\overline{)\square\square}\ \text{몫}\ \square \qquad \square\overline{)\square\square}\ \text{몫}\ \square \qquad \square \times \square = \square\square \qquad \square \times \square = \square\square$$

❷ 숫자 카드: 2, 3, 7, 9

$$\square\overline{)\square\square}\ \text{몫}\ \square \qquad \square\overline{)\square\square}\ \text{몫}\ \square \qquad \square \times \square = \square\square \qquad \square \times \square = \square\square$$

❸ 숫자 카드: 4, 5, 6, 9

$$\square\overline{)\square\square}\ \text{몫}\ \square \qquad \square\overline{)\square\square}\ \text{몫}\ \square \qquad \square \times \square = \square\square \qquad \square \times \square = \square\square$$

488 곱셈식에서 나눗셈의 몫

◐ 곱셈식을 보고 나눗셈식을 만드시오.

$8\times7=56$

$56\div$ [8] $=$ [7]

$56\div$ [7] $=$ [8]

❶ $2\times9=18$

$18\div\square=\square$

$18\div\square=\square$

❷ $4\times8=32$

$32\div\square=\square$

$32\div\square=\square$

❸ $6\times9=54$

$54\div\square=\square$

$54\div\square=\square$

❹ $7\times5=35$

$35\div\square=\square$

$35\div\square=\square$

❺ $5\times8=40$

$40\div\square=\square$

$40\div\square=\square$

❻ $9\times3=27$

$27\div\square=\square$

$27\div\square=\square$

❼ $3\times6=18$

$18\div\square=\square$

$18\div\square=\square$

월 일

□ 안에 알맞은 수를 써넣으시오.

$8 \times \boxed{5} = 40$ ⟷ $40 \div 8 = \boxed{5}$

❶ $7 \times \square = 42$ ⟷ $42 \div 7 = \square$

❷ $4 \times \square = 36$ ⟷ $36 \div 4 = \square$

❸ $6 \times \square = 54$ ⟷ $54 \div 6 = \square$

❹ $9 \times \square = 63$ ⟷ $63 \div 9 = \square$

❺ $5 \times \square = 40$ ⟷ $40 \div 5 = \square$

❻ $3 \times \square = 18$ ⟷ $18 \div 3 = \square$

잘 공부했는지 알아봅시다

월 일

1 그림을 곱셈식과 나눗셈식으로 나타내시오.

곱셈식 □ × □ = □

□ × □ = □

나눗셈식 □ ÷ □ = □

□ ÷ □ = □

2 나눗셈의 몫을 구한 다음, 나눗셈식을 보고 곱셈식 두 개를 만들어 보시오.

24 ÷ 3 = □

____

____

3 □ 안에 알맞은 수를 써넣으시오.

❶ 48 ÷ 8 = □ ⟷ 8 × □ = 48

❷ 63 ÷ 9 = □ ⟷ 9 × □ = 63

3 나눗셈구구 (1)

489 갈림길

◐ 계산에 맞게 선을 그으시오.

4
28 ÷ 6 = 4
7

❶
6
48 ÷ 7 = 6
8

❷
8
63 ÷ 9 = 7
7

❸
3
54 ÷ 6 = 6
9

❹
5
25 ÷ 4 = 5
6

❺
7
42 ÷ 6 = 7
8

❻
3
15 ÷ 5 = 5
7

❼
3
12 ÷ 2 = 6
6

◆ 계산에 맞게 빈칸에 알맞은 수를 써넣으시오.

$9 \div 9 = 1$
$9 \div 3 = 3$
$9 \div 1 = 9$

❶
$24 \div 3 = \square$
$24 \div 4 = \square$
$24 \div 6 = \square$

❷
$36 \div 4 = \square$
$36 \div 6 = \square$
$36 \div 9 = \square$

❸
$18 \div 2 = \square$
$18 \div 6 = \square$
$18 \div 9 = \square$

❹
$12 \div 2 = \square$
$12 \div 3 = \square$
$12 \div 4 = \square$

❺
$16 \div 2 = \square$
$16 \div 4 = \square$
$16 \div 8 = \square$

490 잎새 따기

◐ 계산 결과가 ○ 안의 수와 다른 것을 찾아 /로 잎새를 따시오.

(예시) 6: $24 \div 4$, $30 \div 6$, $42 \div 7$, $30 \div 5$

❶ 2: $12 \div 6$, $14 \div 2$, $18 \div 9$, $4 \div 2$

❷ 7: $56 \div 8$, $56 \div 7$, $42 \div 6$, $49 \div 7$

❸ 4: $36 \div 9$, $20 \div 5$, $28 \div 7$, $24 \div 4$

❹ 8: $40 \div 5$, $72 \div 9$, $21 \div 3$, $64 \div 8$

❺ 3: $15 \div 5$, $16 \div 8$, $24 \div 8$, $27 \div 9$

⊕ 계산 결과가 다른 하나를 찾아 /로 잎새를 따시오.

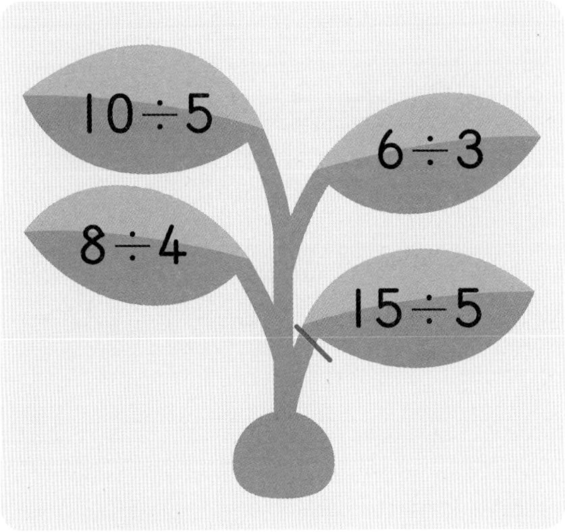

❶
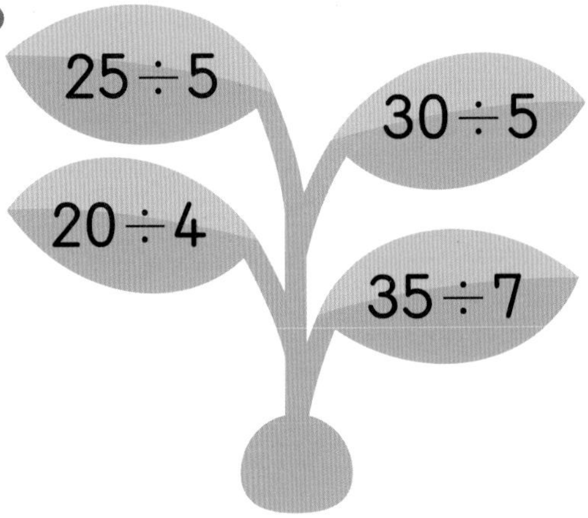

❷
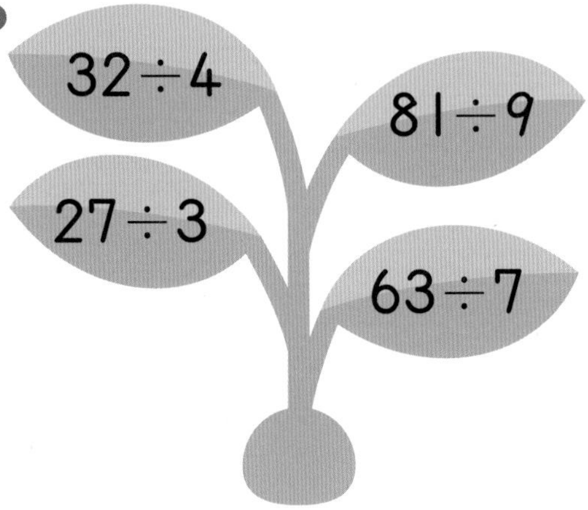

❸
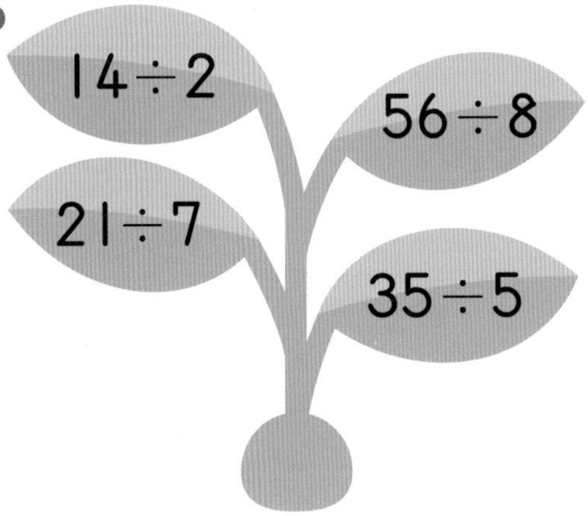

❹
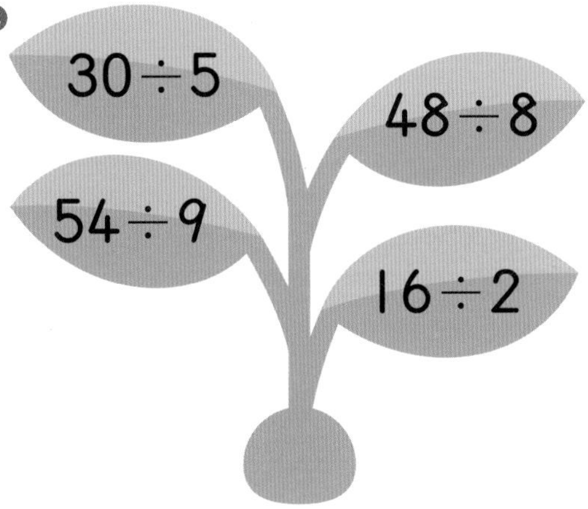

❺
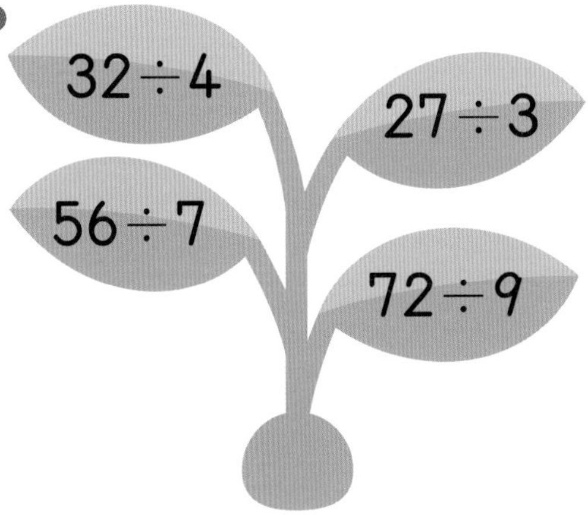

491 다리 잇기

◐ 계산을 한 다음 알맞게 선으로 이으시오.

27÷9	12÷2	24÷3
8	3	6

❶

42÷6	36÷6	15÷3
7	5	6

❷

32÷8	9÷9	18÷2
1	9	4

❸

18÷9	72÷9	27÷9
2	8	3

❹

24÷4	28÷4	36÷4
7	6	9

❺

18÷6	25÷5	16÷4
4	3	5

⊕ 계산 결과가 같은 것끼리 선으로 이으시오.

$9 \div 9$	$35 \div 7$	$14 \div 2$
$49 \div 7$	$25 \div 5$	$7 \div 7$

❶

$12 \div 4$	$72 \div 9$	$30 \div 5$
$24 \div 3$	$42 \div 7$	$15 \div 5$

❷

$18 \div 6$	$14 \div 7$	$12 \div 2$
$30 \div 5$	$12 \div 4$	$6 \div 3$

❸

$56 \div 8$	$8 \div 8$	$45 \div 9$
$42 \div 6$	$15 \div 3$	$5 \div 5$

❹

$16 \div 4$	$24 \div 4$	$21 \div 7$
$24 \div 6$	$36 \div 6$	$15 \div 5$

❺

$54 \div 6$	$9 \div 3$	$28 \div 7$
$8 \div 2$	$27 \div 9$	$45 \div 5$

492 상자셈

◐ ● 안의 수가 몫이 되는 나눗셈식을 두 개 찾아 색칠하시오.

4

$8 \div 2$	$9 \div 3$	$24 \div 8$
$30 \div 5$	$72 \div 9$	$16 \div 4$

❶ 7

$16 \div 2$	$21 \div 3$	$24 \div 6$
$42 \div 7$	$40 \div 5$	$35 \div 5$

❷ 6

$28 \div 4$	$24 \div 6$	$12 \div 2$
$15 \div 3$	$36 \div 6$	$18 \div 2$

❸ 3

$16 \div 4$	$12 \div 3$	$27 \div 9$
$28 \div 7$	$9 \div 3$	$63 \div 7$

❹ 5

$40 \div 5$	$30 \div 6$	$42 \div 7$
$81 \div 9$	$12 \div 6$	$45 \div 9$

❺ 8

$16 \div 2$	$40 \div 8$	$49 \div 7$
$35 \div 7$	$64 \div 8$	$28 \div 7$

◆ ● 안의 수가 몫이 되는 나눗셈식을 모두 찾아 색칠하시오.

2

32÷8	14÷7	12÷6
8÷4	6÷2	45÷9
20÷4	18÷9	9÷3

❶

9

10÷2	14÷7	24÷6
18÷2	27÷3	81÷9
28÷4	63÷9	32÷8

❷

7

18÷3	72÷8	56÷8
42÷7	14÷2	35÷5
32÷8	72÷8	63÷9

❸

4

8÷4	16÷4	12÷6
36÷4	28÷7	54÷9
36÷9	20÷5	6÷3

❹

4

21÷7	36÷9	20÷4
36÷6	20÷5	12÷3
14÷2	32÷8	8÷8

❺

6

54÷9	12÷3	42÷7
48÷8	16÷2	40÷5
18÷3	54÷6	36÷4

잘 공부했는지 알아봅시다

월 일

1 나눗셈의 몫을 바르게 구한 것에 모두 ◯표 하시오.

$4\overline{)32}$ 몫 80 　 $6\overline{)42}$ 몫 6 　 $7\overline{)49}$ 몫 7 　 $5\overline{)30}$ 몫 6

2 ◯ 안에 >, =, <를 알맞게 써넣으시오.

❶ 24÷3 ◯ 72÷9

❷ 30÷6 ◯ 24÷6

❸ 36÷6 ◯ 36÷9

❹ 56÷7 ◯ 18÷2

3 빈칸에 알맞은 수를 써넣으시오.

❶ ÷2

12	16	8	10
6			

❷ ÷7

35	42	63	56
5			

4 나눗셈구구 (2)

493 카드셈

◐ 숫자 카드를 한 번씩 모두 사용하여 나눗셈식을 만드시오.

2 4 7 8 → 28 ÷ 4 = 7
28 ÷ 7 = 4

❶ 1 2 3 4 → □□ ÷ □ = □
□□ ÷ □ = □

❷ 5 6 7 8 → □□ ÷ □ = □
□□ ÷ □ = □

❸ 3 4 6 9 → □□ ÷ □ = □
□□ ÷ □ = □

❹ 1 2 6 8 → □□ ÷ □ = □
□□ ÷ □ = □

월 일

⊕ 숫자 카드를 한 번씩 모두 사용하여 나눗셈식을 두 개 만드시오.

| 4 | 5 | 6 | 9 | → $54 \div 6 = 9$, $54 \div 9 = 6$

❶ | 2 | 7 | 8 | 9 | →

❷ | 1 | 3 | 6 | 8 | →

❸ | 2 | 3 | 7 | 9 | →

❹ | 1 | 2 | 8 | 9 | →

❺ | 2 | 4 | 6 | 7 | →

494 양과녁셈

◐ 왼쪽 과녁판의 점수를 오른쪽 과녁판의 점수로 나눈 몫을 쓰시오.

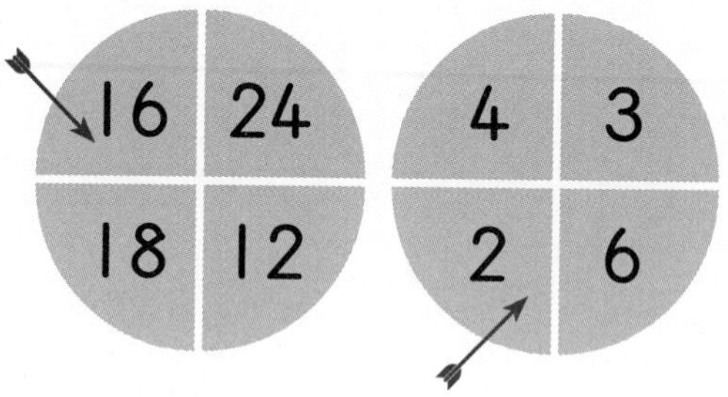

8

❶

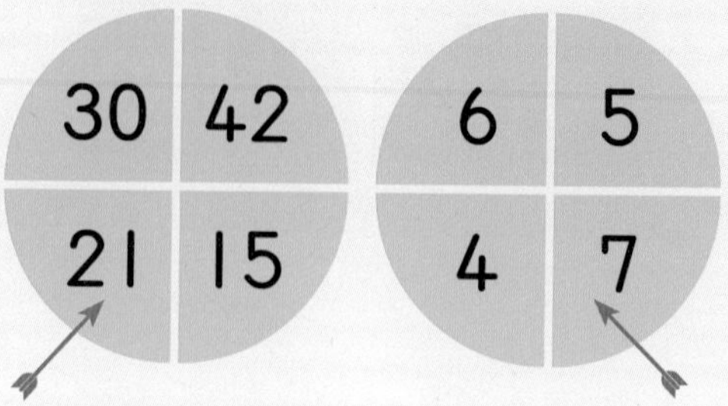

❷

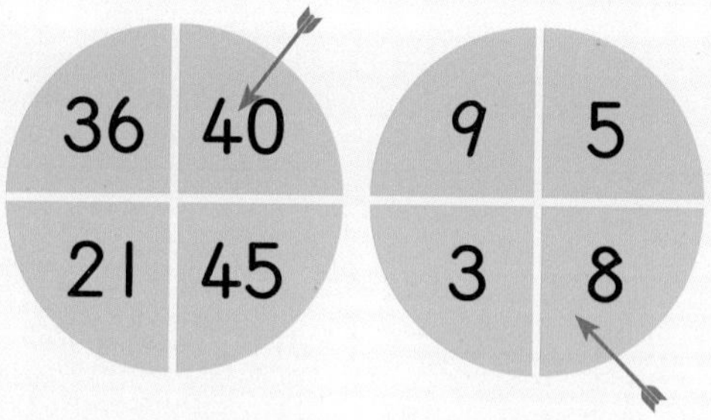

❸

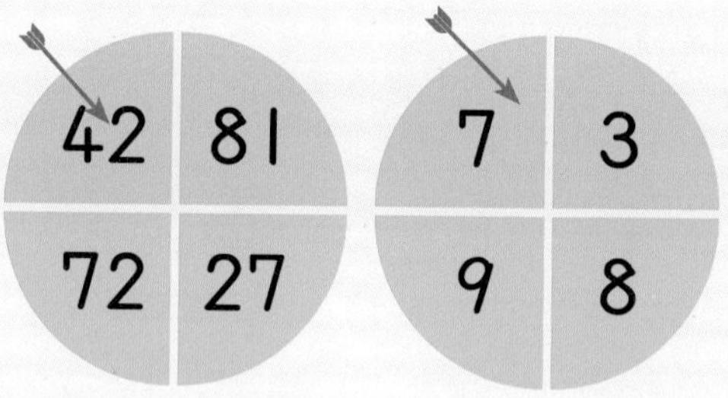

❹

❺

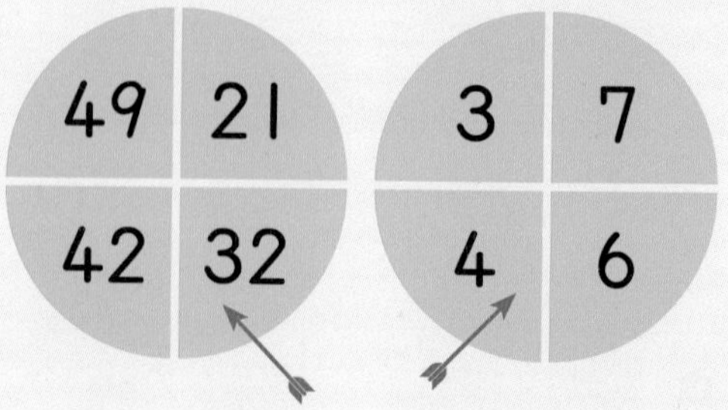

◆ ▢ 안의 수에 맞게 화살이 꽂힐 자리 두 군데에 ×표 하시오.

16	30		6	× 8
× 24	20		4	5

3

❶

16	45		7	8
49	64		2	5

9

❷

18	21		1	4
8	24		3	2

7

❸

12	21		2	3
35	28		4	5

6

❹

27	54		3	4
36	35		9	7

5

❺

20	45		2	7
40	49		5	4

8

495 도형 연결

◐ 큰 수를 작은 수로 나눈 몫이 ● 안의 수가 되도록 선으로 이으시오.

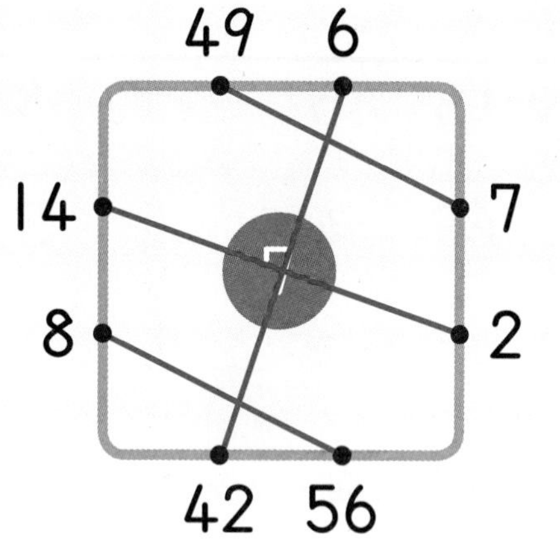

❶

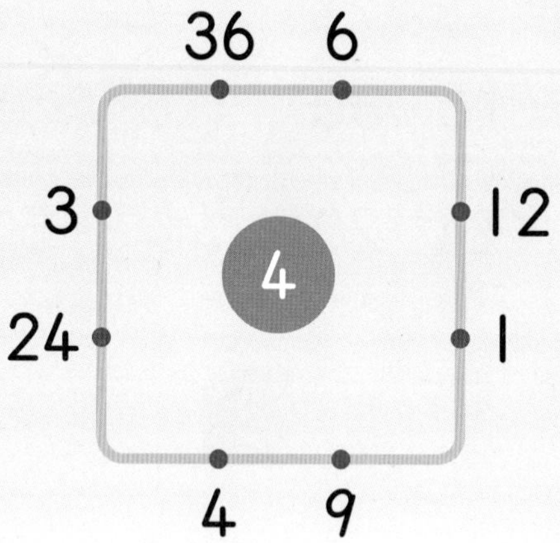

❷

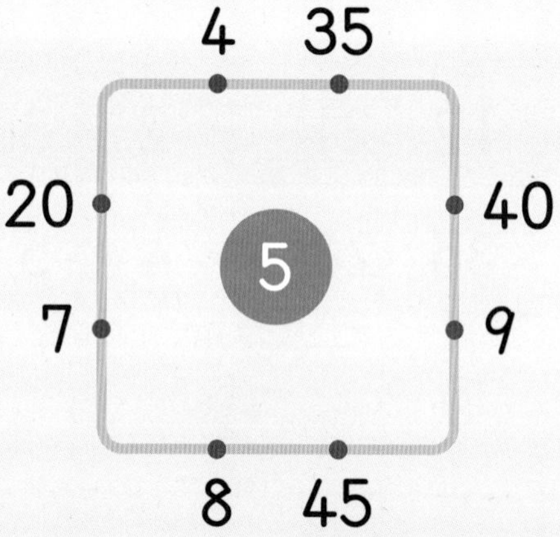

❸

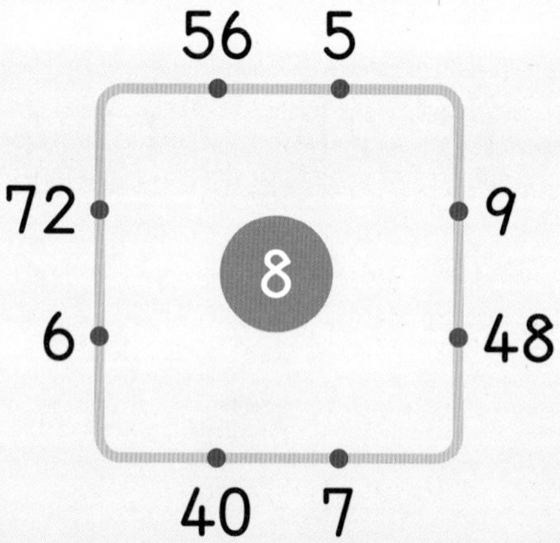

❹

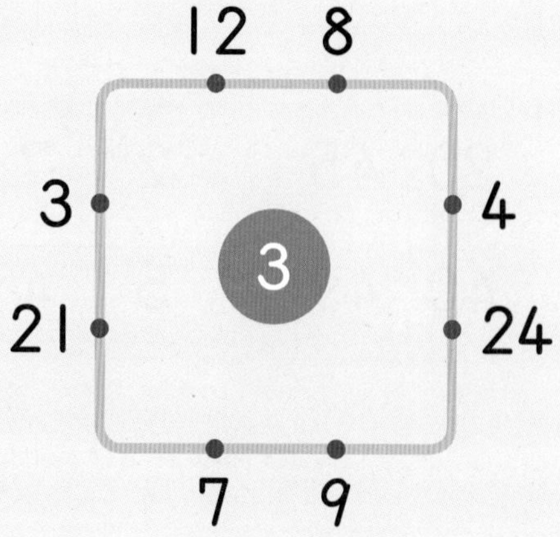

❺

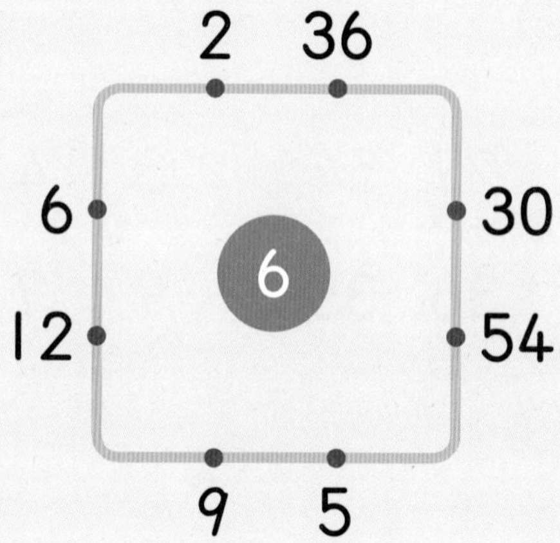

⊕ 큰 수를 작은 수로 나눈 몫이 모두 같도록 선으로 잇고, 몫을 ○ 안에 써넣으시오.

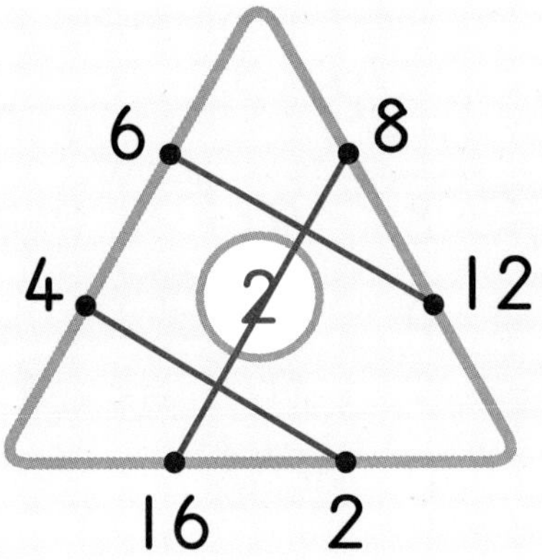

❶

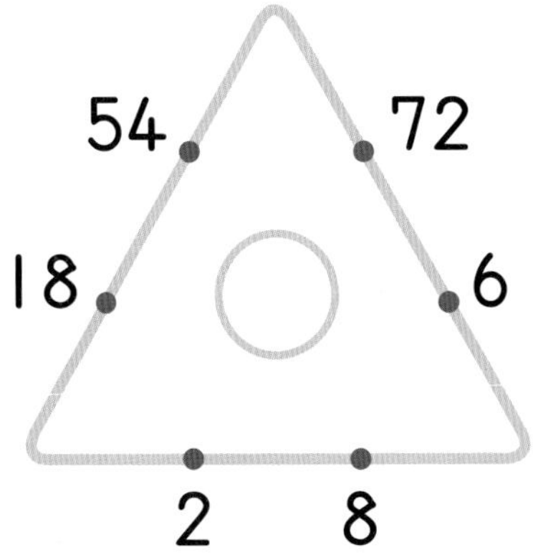

❷

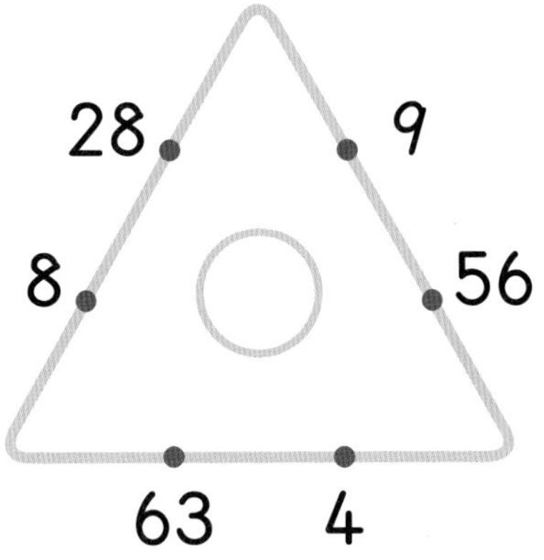

❸

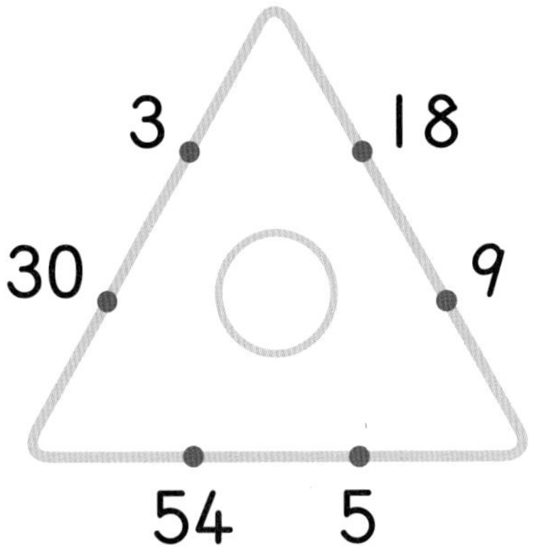

❹

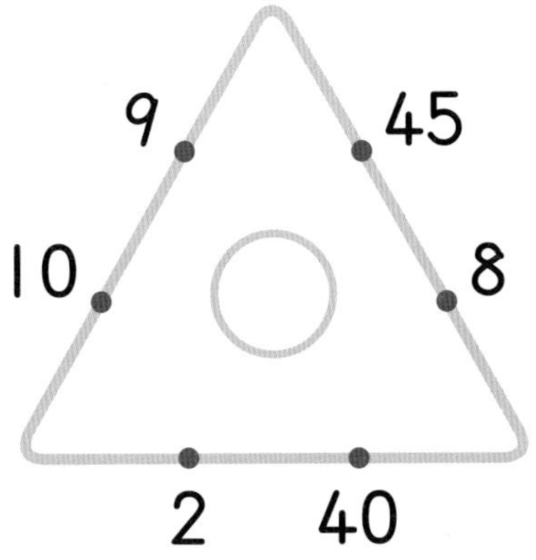

❺

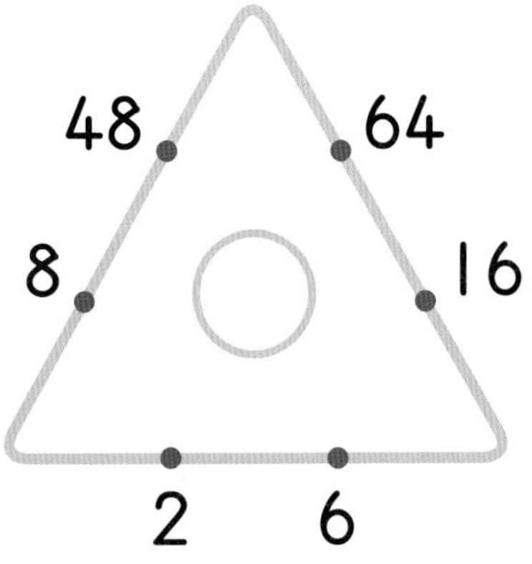

496 계산기

◐ 액정의 계산 결과에 맞게 버튼을 누른 순서대로 쓰시오.

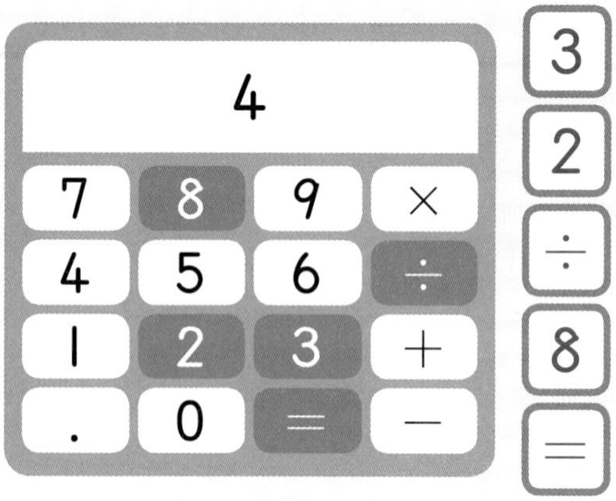

❶

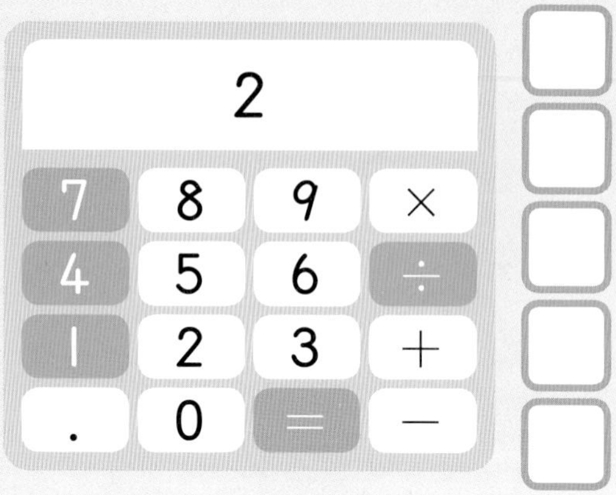

❷

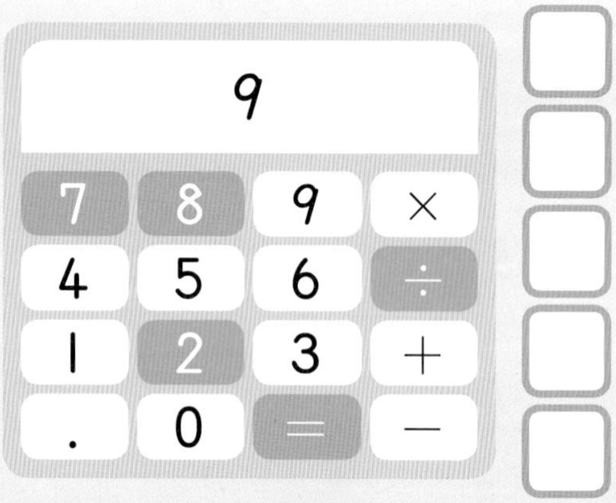

❸

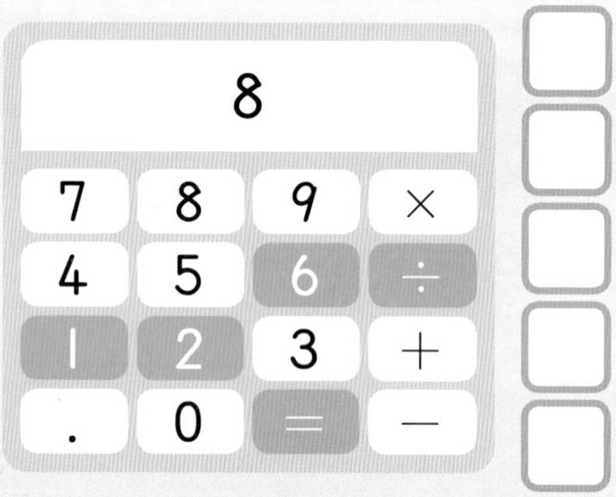

❹

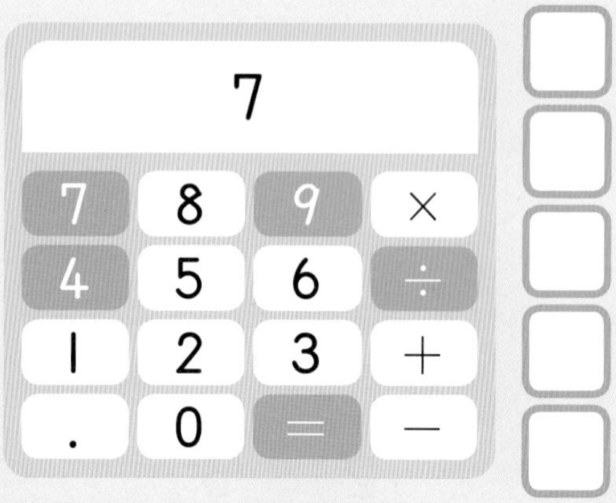

❺

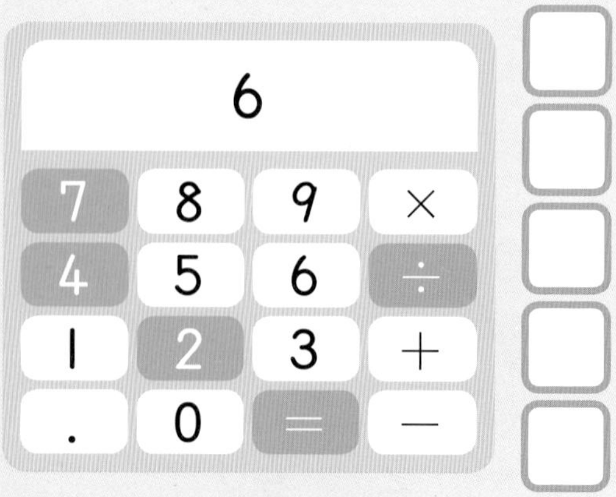

◆ 눌러진 버튼으로 만들 수 있는 두 가지 나눗셈식과 몫을 쓰시오.

36÷9=4

63÷9=7

❶

❷

❸

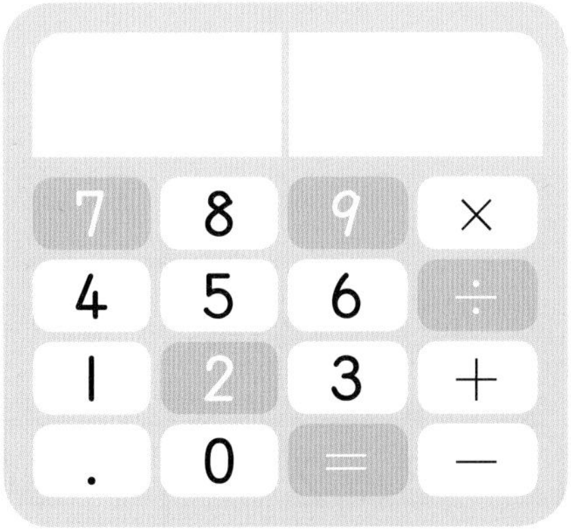

잘 공부했는지 알아봅시다

월 일

1 다음 숫자 카드를 한 번씩 모두 사용하여 나눗셈식 두 개를 만드시오.

3 6 7 9 → □□ ÷ □ = □
□□ ÷ □ = □

2 몫이 가장 큰 것에 ○표 하시오.

14÷2　　18÷3　　24÷6

3 몫이 **4**인 나눗셈식에 ○표, 몫이 **6**인 나눗셈식에 △표 하시오.

8÷2	30÷6	28÷4	36÷6
27÷3	9÷3	14÷7	81÷9
54÷9	12÷6	32÷8	72÷8

5 □가 있는 나눗셈

497 선 잇기

◐ □ 안에 들어갈 수가 같은 것끼리 선으로 이으시오.

9×□=54	5	35÷□=5
8×□=40	6	48÷□=8
6×□=42	7	30÷□=6

❶

9×□=27	4	36÷□=9
7×□=28	8	24÷□=8
8×□=64	3	48÷□=6

❷

7×□=63	2	45÷□=5
9×□=18	9	40÷□=8
7×□=35	5	18÷□=9

□ 안에 들어갈 수가 같은 것끼리 선으로 이으시오.

$28 \div \square = 7$	$45 \div \square = 9$	$42 \div \square = 6$
$8 \times \square = 40$	$7 \times \square = 49$	$8 \times \square = 32$

❶

$27 \div \square = 9$	$56 \div \square = 7$	$48 \div \square = 8$
$8 \times \square = 24$	$7 \times \square = 42$	$9 \times \square = 72$

❷

$72 \div \square = 8$	$40 \div \square = 8$	$18 \div \square = 9$
$6 \times \square = 30$	$4 \times \square = 36$	$8 \times \square = 16$

498 원판셈

◐ 빈칸에 알맞은 수를 써넣으시오.

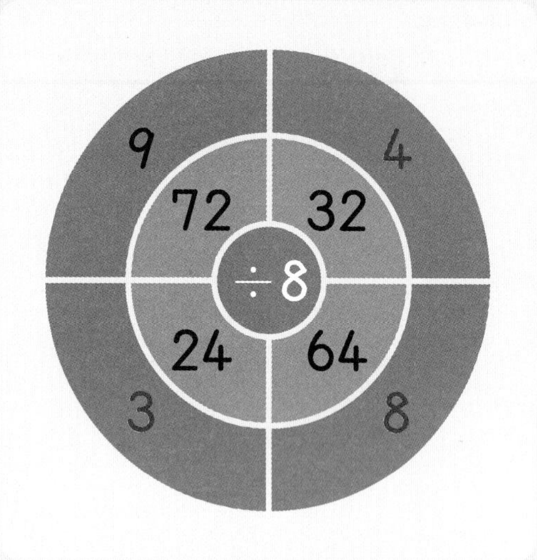

❶

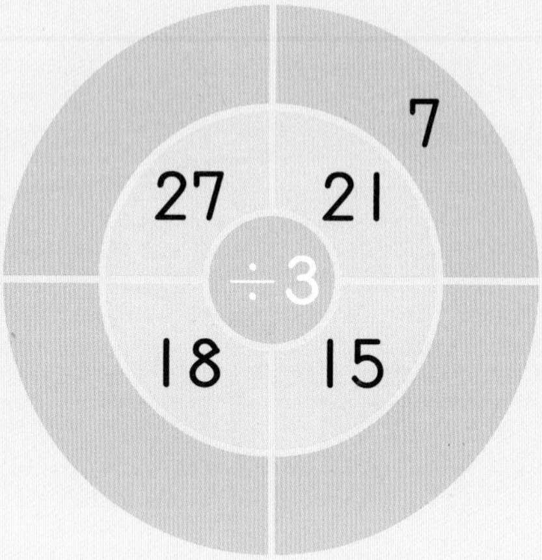

❷

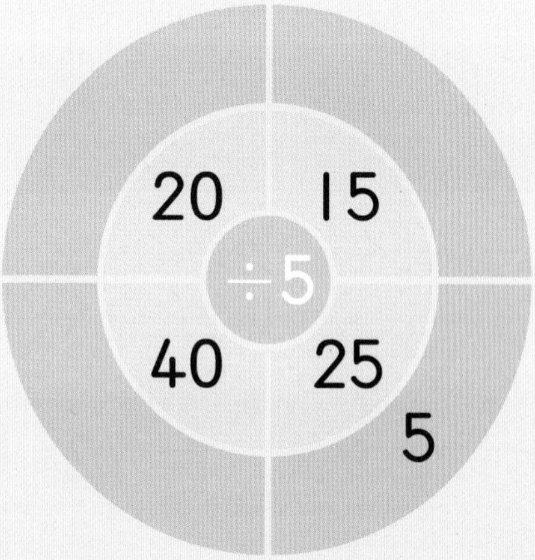

❸

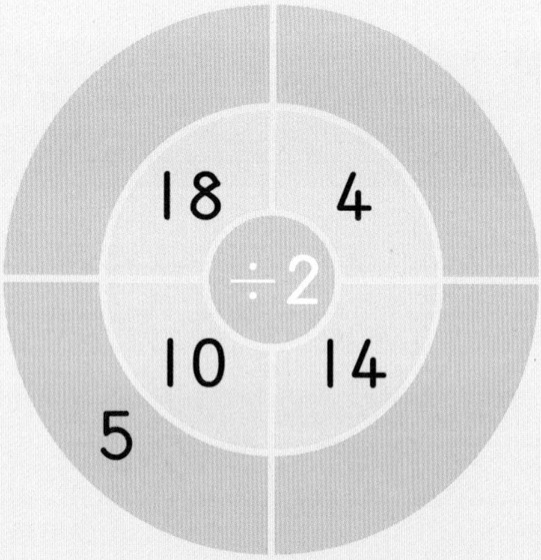

❹

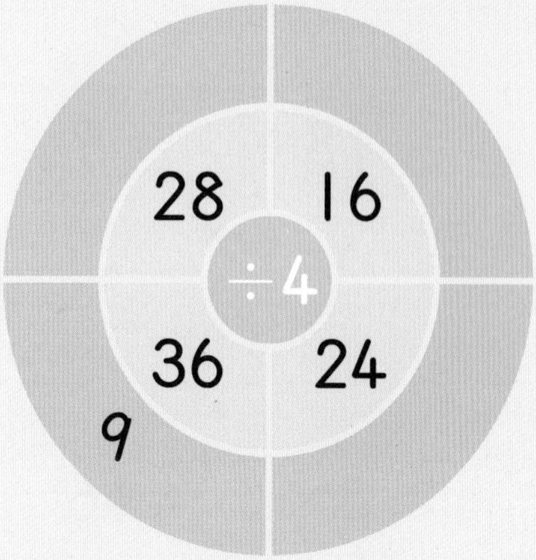

❺

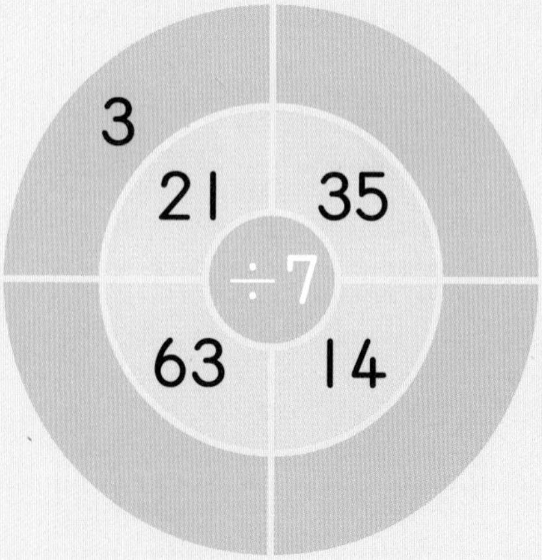

월 일

빈칸에 알맞은 수를 써넣으시오.

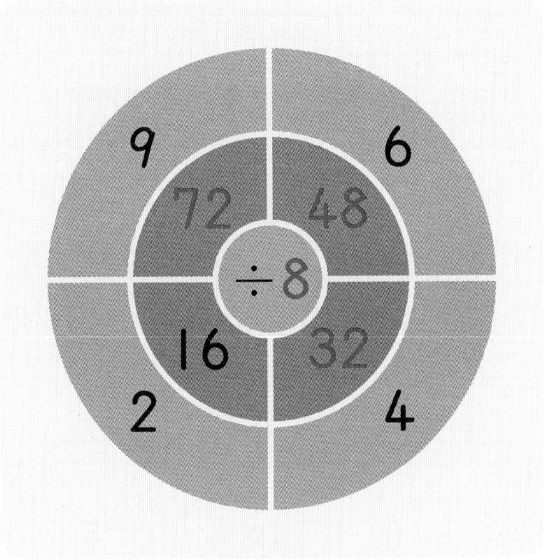

❶

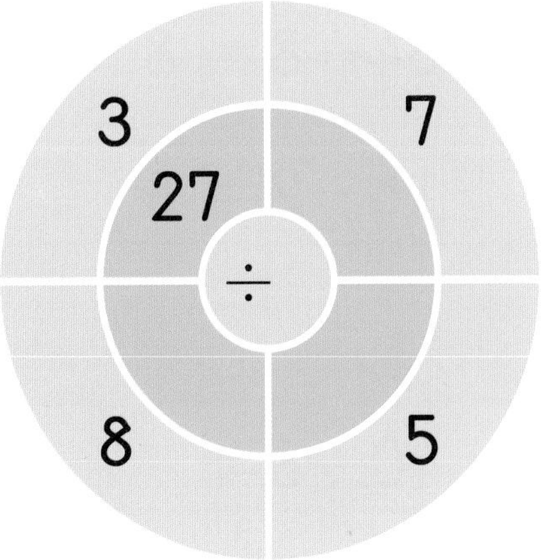

❷

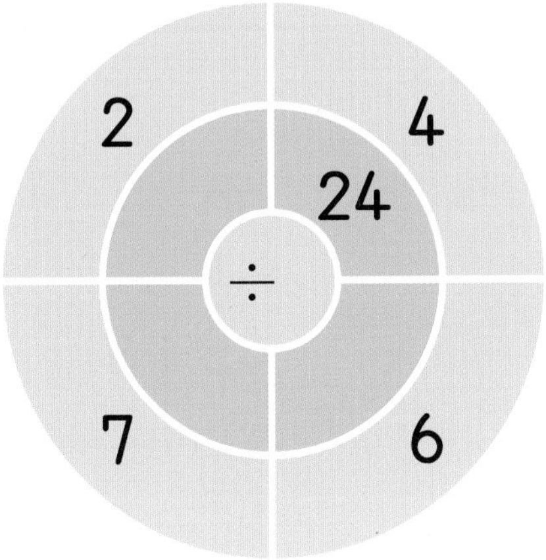

❸

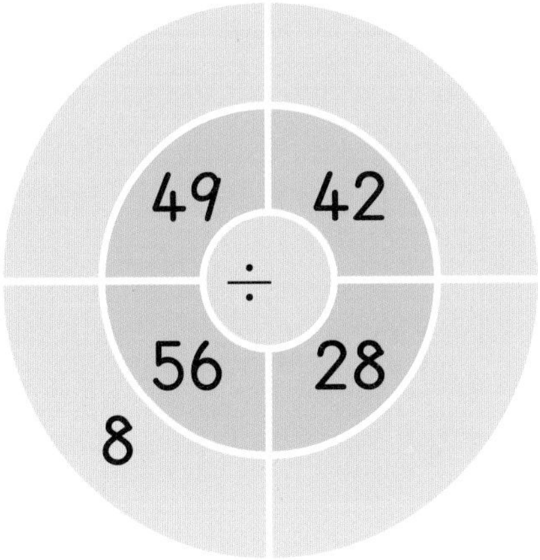

❹

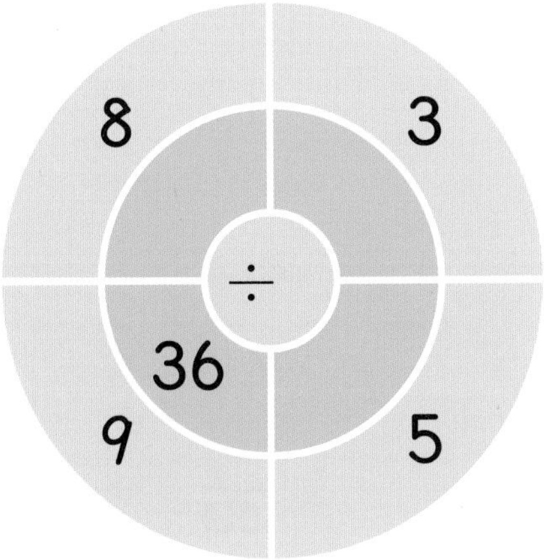

❺

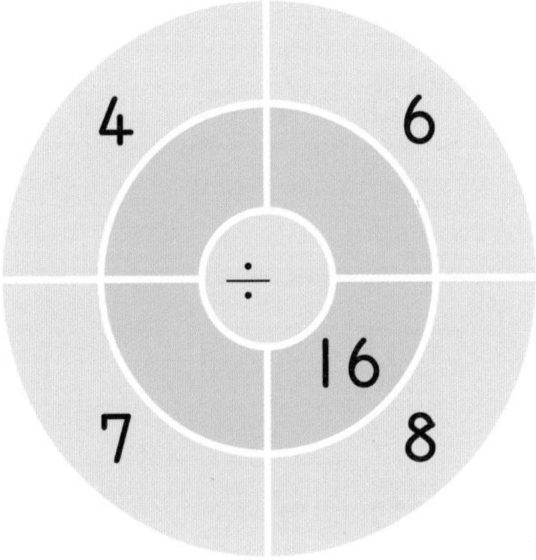

499 나눗셈의 □

◐ 나눗셈을 하여 □ 안에 알맞은 수를 써넣으시오.

예	❶	❷
$64 \div 8 = \boxed{8}$ $16 \div 2 = \boxed{8}$	$36 \div 6 = \square$ $18 \div 3 = \square$	$24 \div 3 = \square$ $48 \div 6 = \square$

❸ $40 \div 8 = \square$, $35 \div 7 = \square$

❹ $42 \div 6 = \square$, $63 \div 9 = \square$

❺ $18 \div 2 = \square$, $81 \div 9 = \square$

❻ $21 \div 7 = \square$, $12 \div 4 = \square$

❼ $32 \div 8 = \square$, $16 \div 4 = \square$

❽ $20 \div 4 = \square$, $45 \div 9 = \square$

❾ $63 \div 9 = \square$, $28 \div 4 = \square$

❿ $56 \div 7 = \square$, $72 \div 9 = \square$

⓫ $48 \div 8 = \square$, $12 \div 2 = \square$

⓬ $24 \div 6 = \square$, $36 \div 9 = \square$

⓭ $28 \div 7 = \square$, $20 \div 5 = \square$

⓮ $45 \div 9 = \square$, $35 \div 7 = \square$

□ 안에 알맞은 수를 써넣으시오.

$18 \div 2 = \boxed{27} \div 3$

❶ $\square \div 8 = 20 \div 5$

❷ $42 \div 7 = \square \div 5$

❸ $\square \div 3 = 72 \div 9$

❹ $16 \div 8 = \square \div 6$

❺ $\square \div 6 = 36 \div 4$

❻ $27 \div 9 = \square \div 7$

❼ $\square \div 5 = 72 \div 8$

❽ $32 \div 4 = \square \div 3$

❾ $\square \div 7 = 63 \div 9$

❿ $48 \div 8 = \square \div 9$

⓫ $\square \div 9 = 25 \div 5$

⓬ $54 \div 9 = \square \div 8$

⓭ $\square \div 4 = 36 \div 6$

⓮ $81 \div 9 = \square \div 2$

⓯ $\square \div 2 = 42 \div 7$

500 하우스

◐ 나눗셈을 하여 빈칸에 알맞은 수를 써넣으시오.

÷ 3	
15	5
24	8
27	9

❶

÷ 9	
45	
81	
63	

❷

÷ 7	
49	
35	
63	

❸

÷ 2	
12	
18	
14	

❹

÷ 5	
25	
40	
30	

❺

÷ 4	
24	
36	
12	

❻

÷ 8	
24	
48	
64	

❼

÷ 6	
42	
30	
18	

❽

÷ 3	
12	
9	
18	

◆ 빈칸에 알맞은 수를 써넣으시오.

÷	2
16	8
10	5
8	4

❶

÷	
16	4
32	
28	

❷

÷	
14	
49	7
56	

❸

÷	
	9
48	
12	2

❹

÷	
	4
40	5
24	

❺

÷	
20	4
	9
	3

❻

÷	
72	
	6
27	3

❼

÷	
	8
15	5
21	

❽

÷	
14	7
	3
	9

잘 공부했는지 알아봅시다

월 일

1 관계 있는 것끼리 선으로 이으시오.

□÷3=4 •	• □÷3=3
24÷□=3 •	• □÷6=2
18÷□=2 •	• □÷2=4

2 빈칸에 알맞은 수를 써넣으시오.

❶

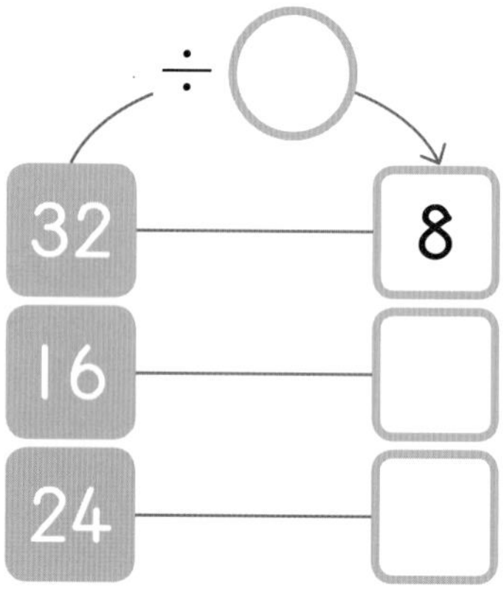

❷

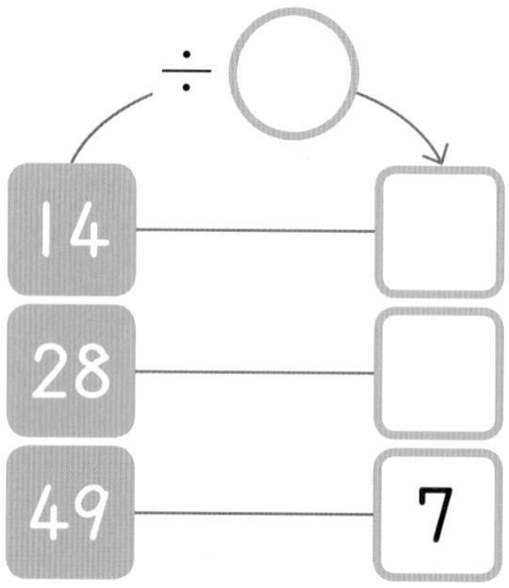

3 □ 안에 알맞은 수를 써넣으시오.

❶ 32÷□=48÷6

❷ 54÷9=18÷□

❸ □÷5=14÷2

❹ 72÷8=36÷□

6 나눗셈 문제 해결

501 바람개비 연산

◐ 나눗셈의 몫을 화살표 방향에 따라 쓰고, 빈칸에 알맞은 수를 써넣으시오.

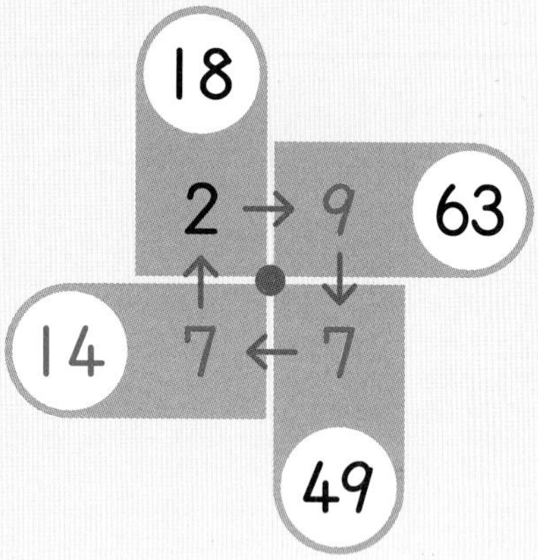

❶

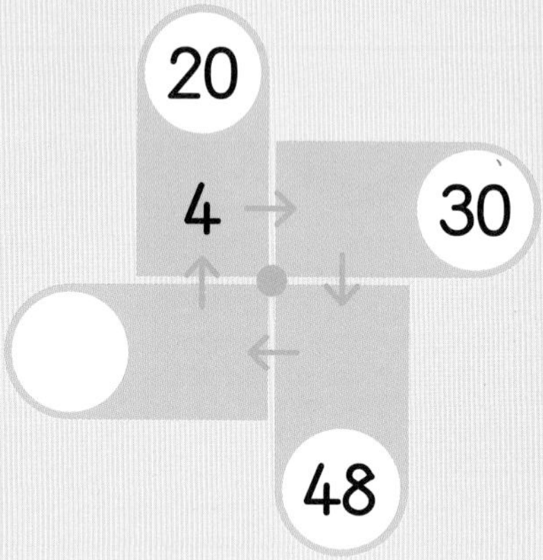

❷

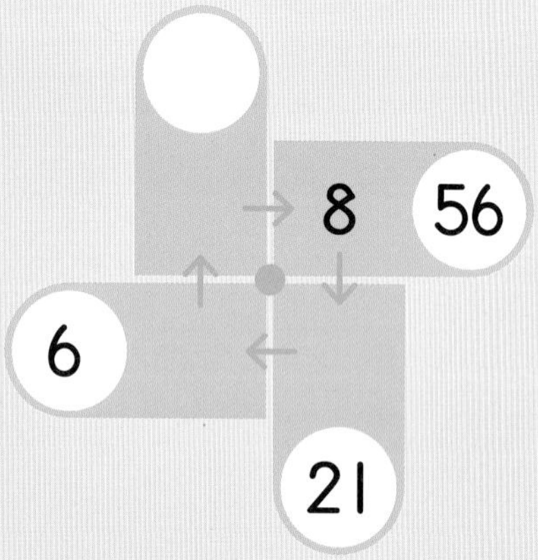

❸

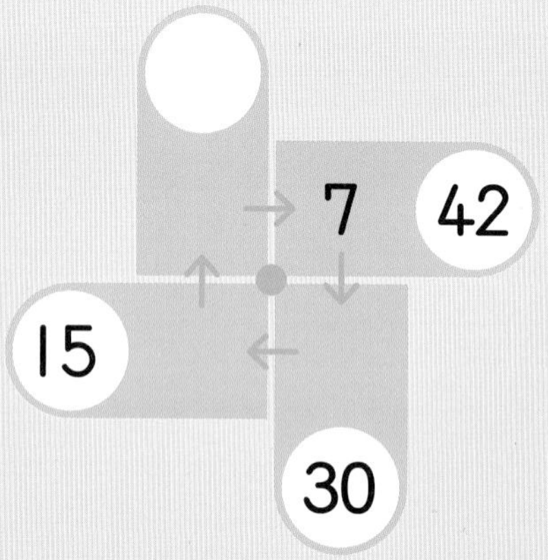

❹

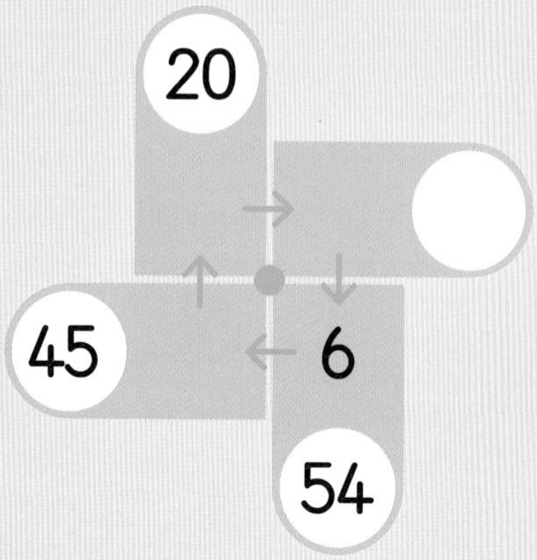

❺

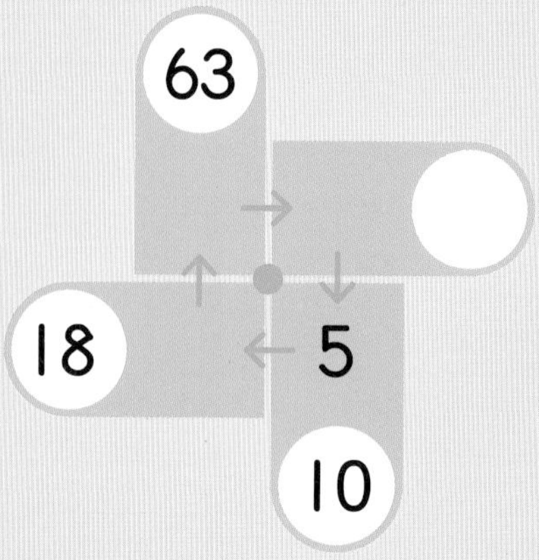

나눗셈의 몫을 화살표 방향에 따라 빈칸에 써넣으시오.

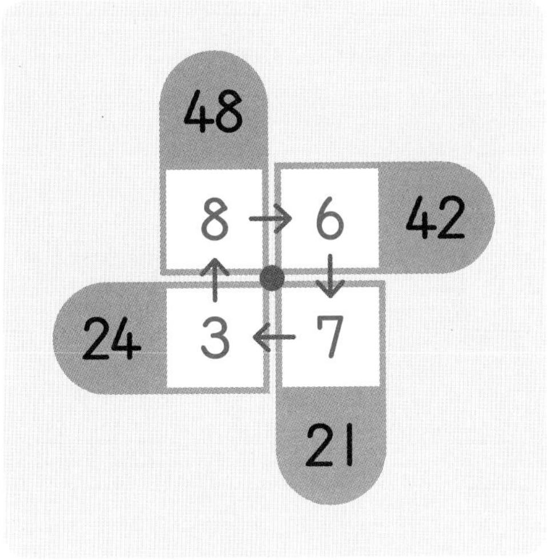

❶

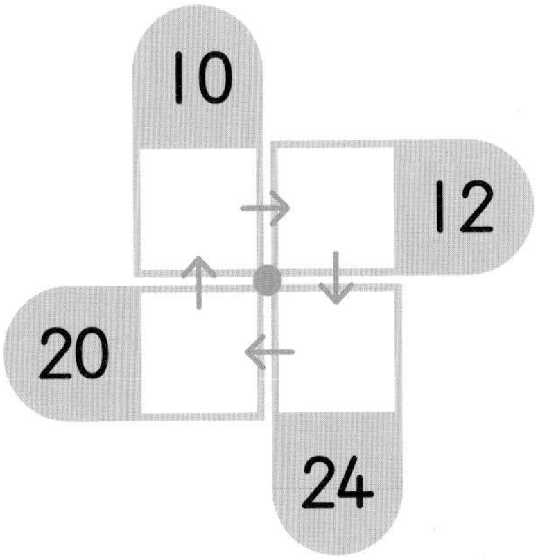

❷

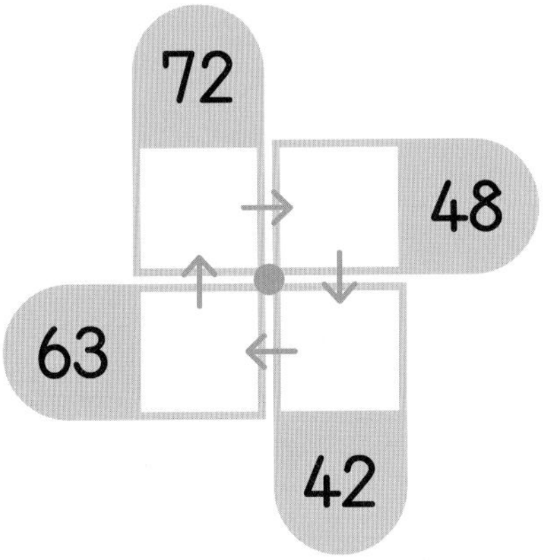

❸

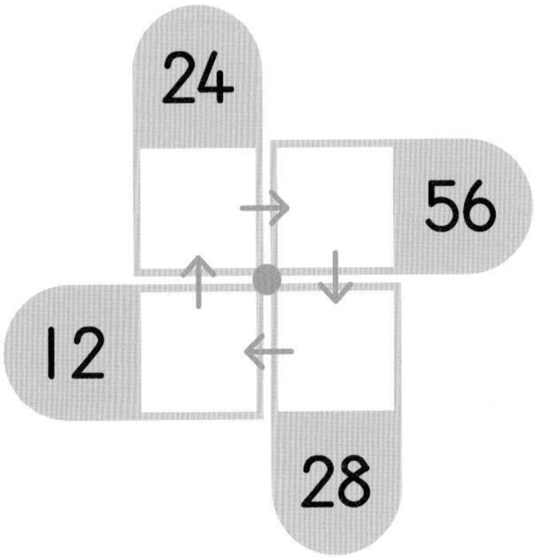

❹

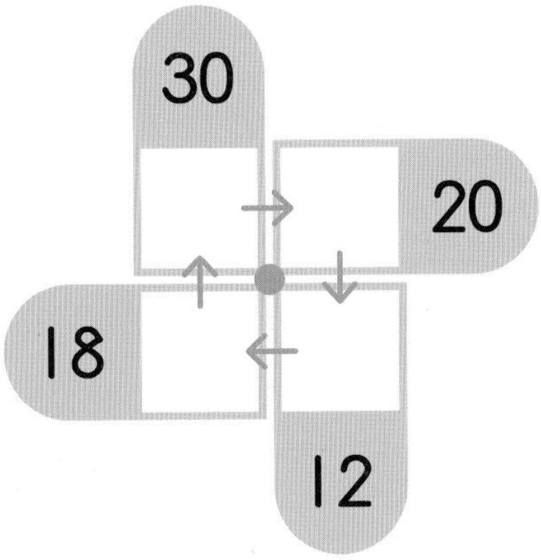

❺

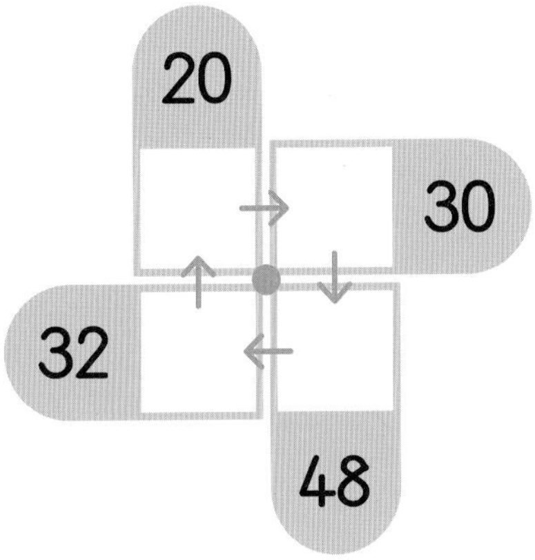

502 숫자 카드 목표셈

◐ 숫자 카드를 사용하여 나눗셈식을 완성하시오.

[1] [8] [9]

[1][8] ÷ [9] = 2

[8][1] ÷ [9] = 9

❶ [1] [2] [4]

[ ][ ] ÷ [ ] = 3

[ ][ ] ÷ [ ] = 7

❷ [2] [4] [6]

[ ][ ] ÷ [ ] = 4

[ ][ ] ÷ [ ] = 7

❸ [2] [7] [8]

[ ][ ] ÷ [ ] = 4

[ ][ ] ÷ [ ] = 9

❹ [4] [5] [9]

[ ][ ] ÷ [ ] = 5

[ ][ ] ÷ [ ] = 6

❺ [1] [6] [8]

[ ][ ] ÷ [ ] = 2

[ ][ ] ÷ [ ] = 3

월 일

숫자 카드 중 세 장을 사용하여 계산 결과에 맞는 나눗셈식을 만드시오.

1	2	4	6

12÷6 =2

12÷4 =3

16÷2 =8

❶

2	3	4	6

_______ =4

_______ =7

_______ =9

❷

2	4	7	8

_______ =3

_______ =4

_______ =6

❸

2	4	7	9

_______ =6

_______ =7

_______ =8

❹

2	7	8	9

_______ =3

_______ =4

_______ =9

❺

1	2	3	7

_______ =3

_______ =4

_______ =9

503 사탕셈

◐ 위에서 아래로, 왼쪽에서 오른쪽으로 나눗셈을 하시오.

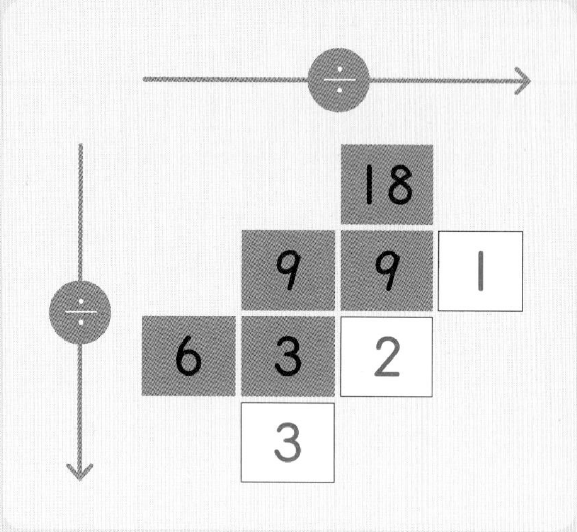

❶

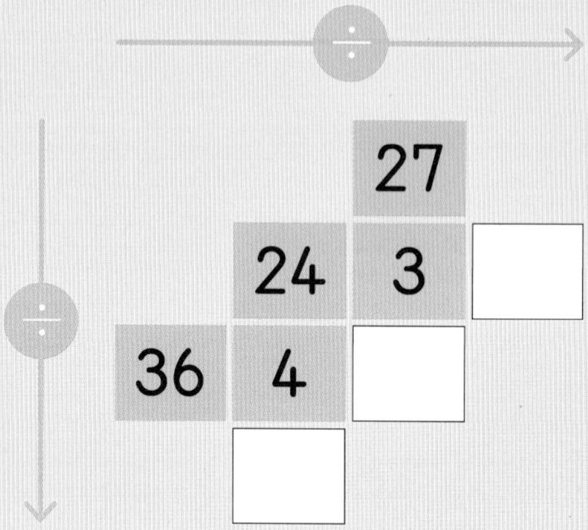

❷

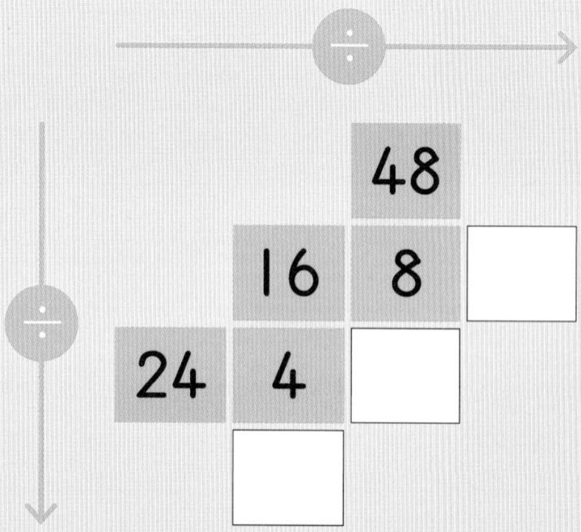

❸

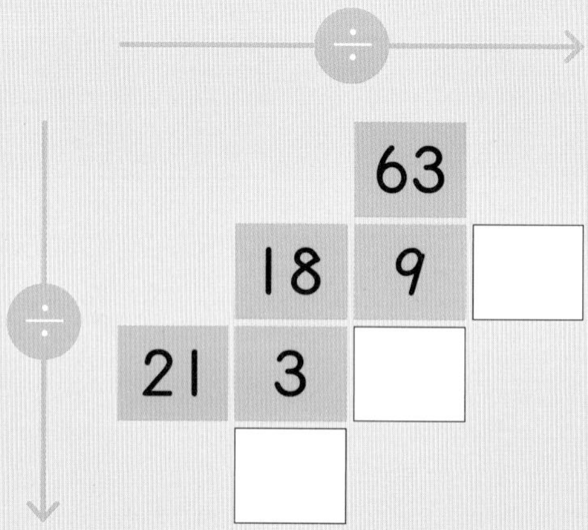

❹

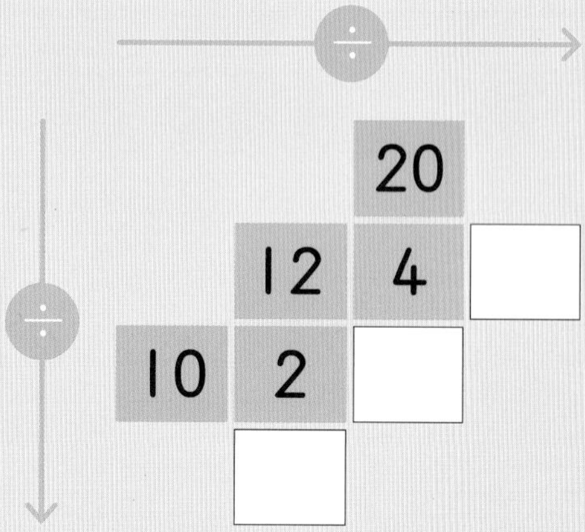

❺

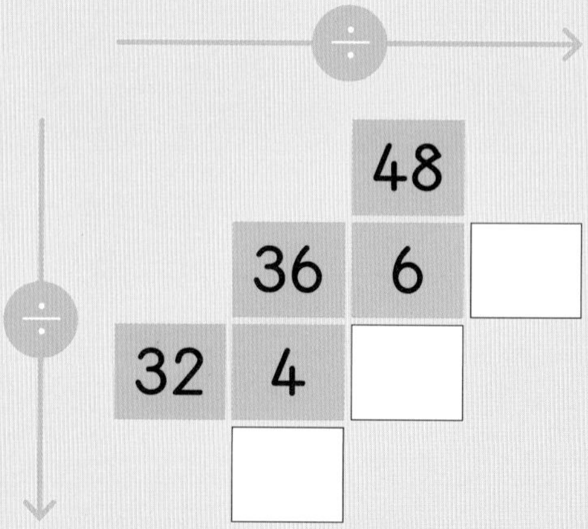

빈칸에 알맞은 수를 써넣으시오.

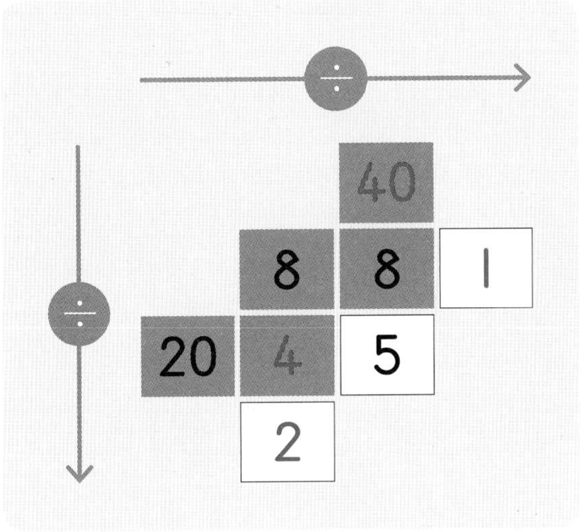

❶

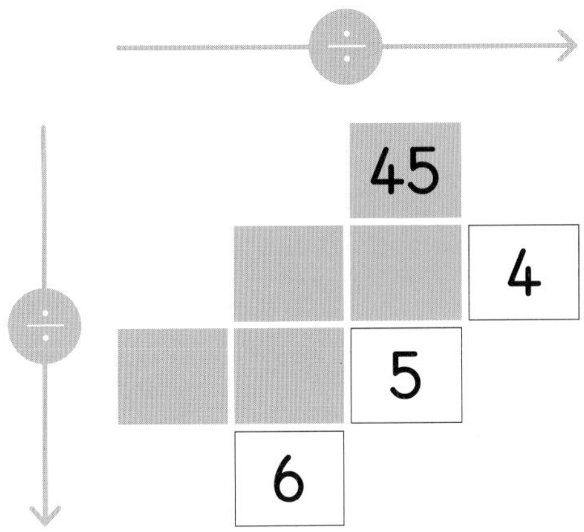

❷

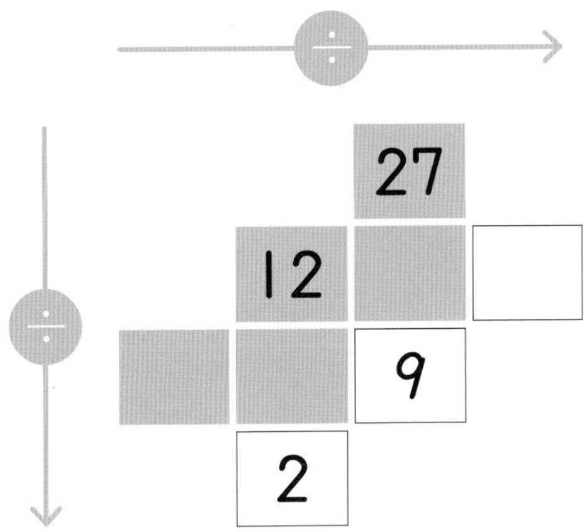

❸

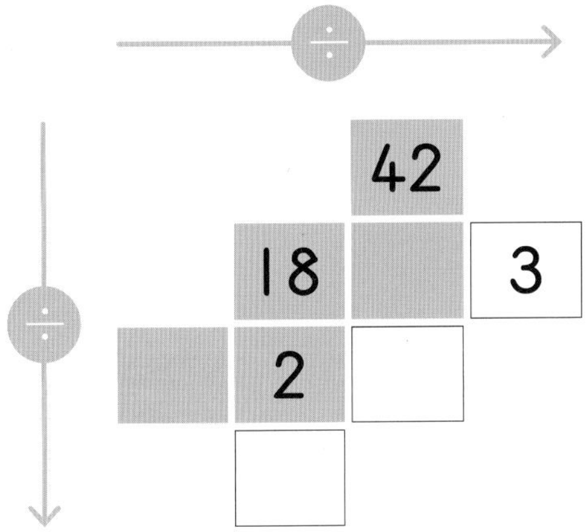

❹

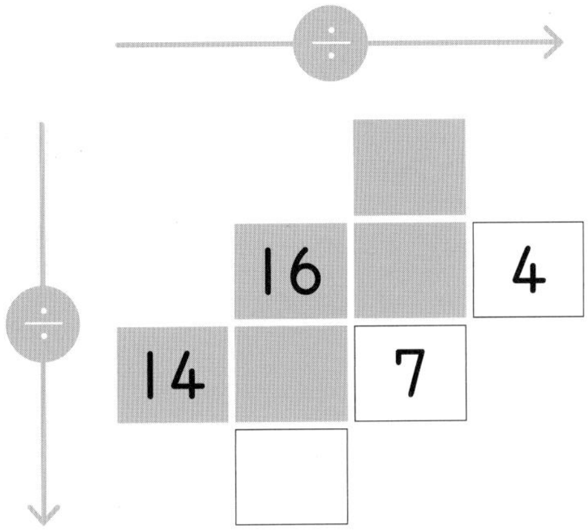

❺

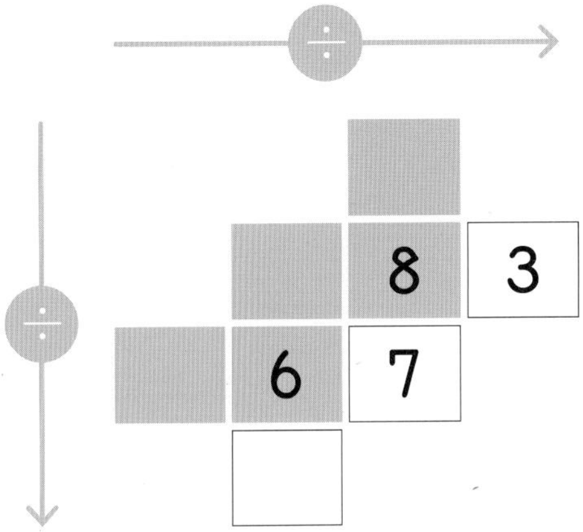

504 사다리 타기

◐ 사다리 타기를 하여 빈칸에 알맞은 수를 써넣으시오.

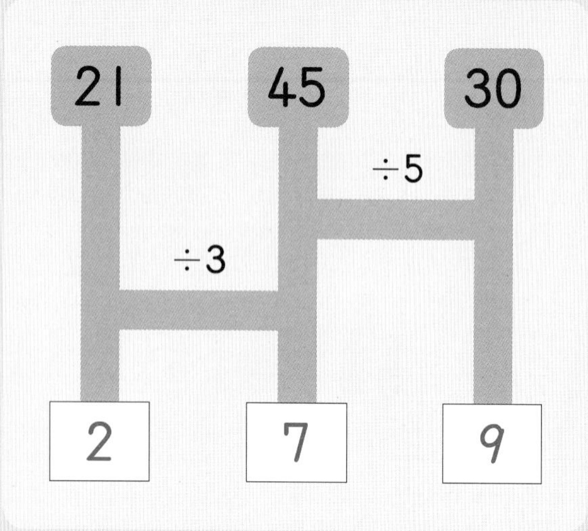

❶
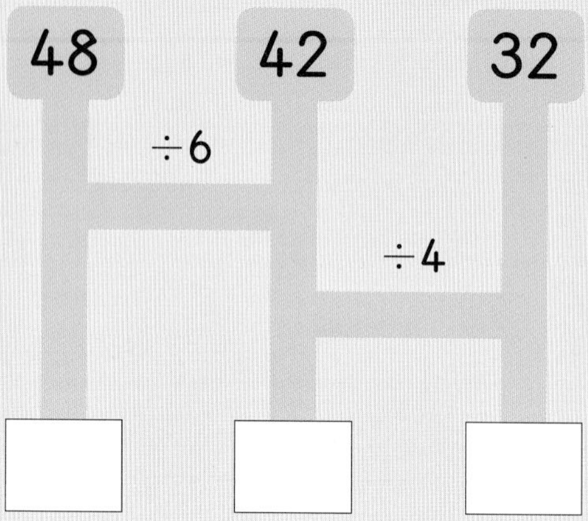

❷
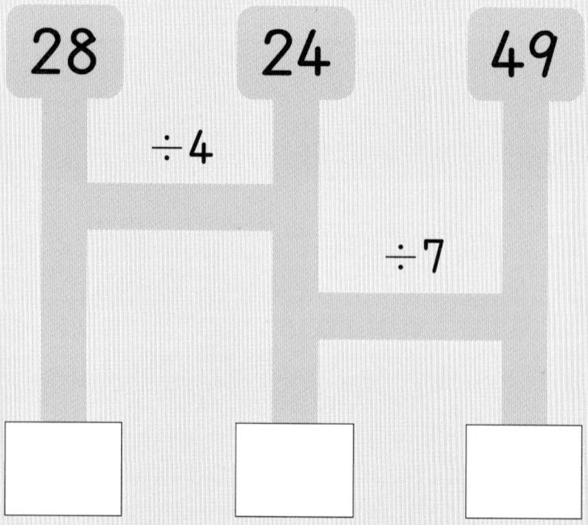

❸
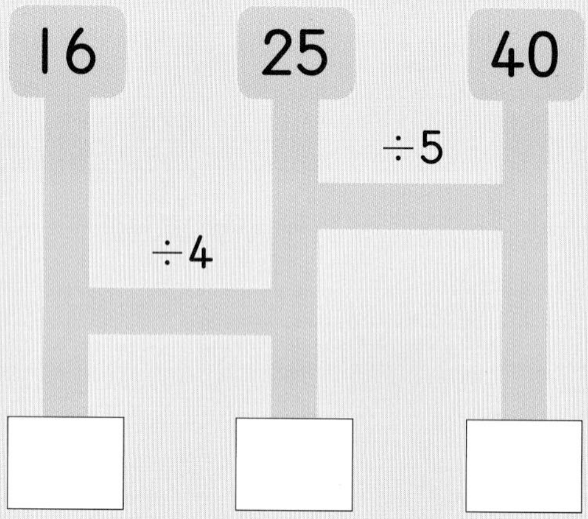

❹
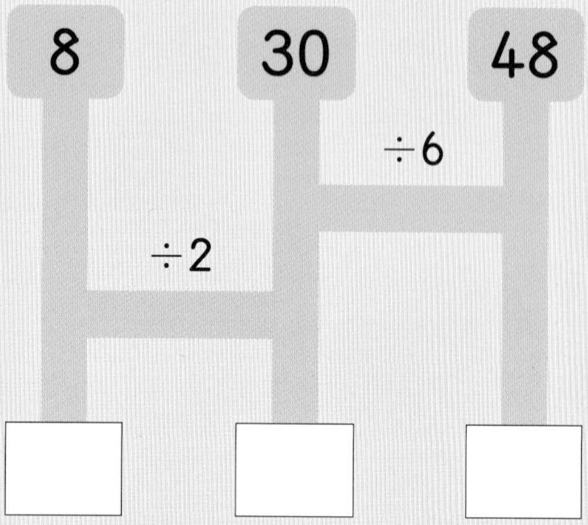

❺
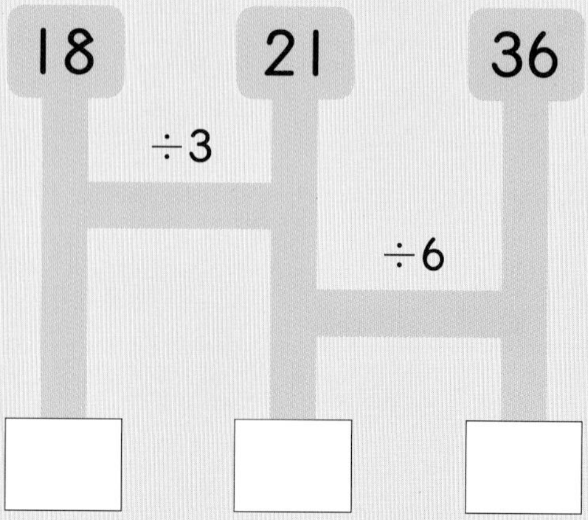

⊕ 빈칸에 알맞은 수를 써넣으시오.

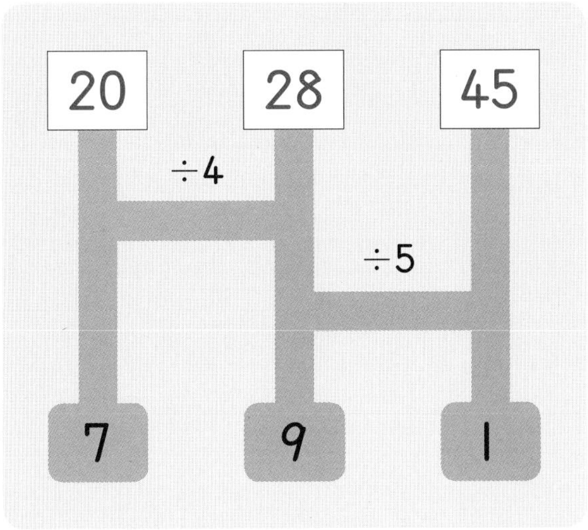

❶

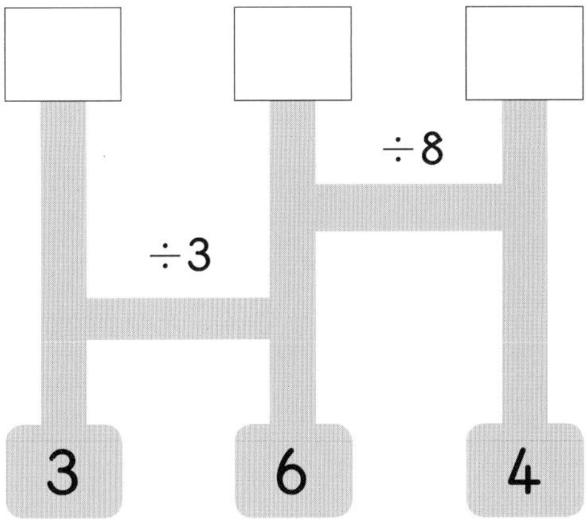

❷

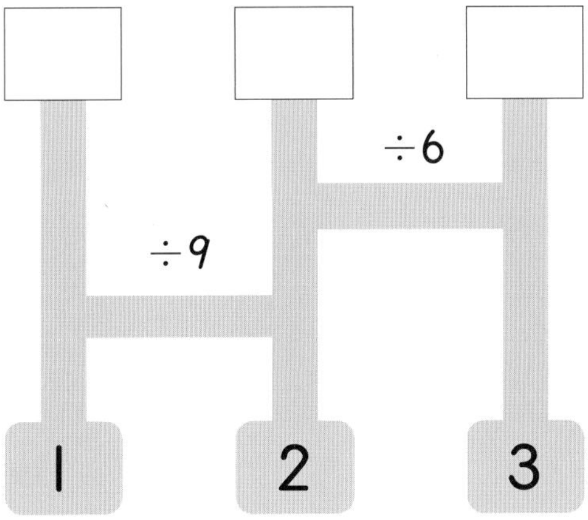

❸

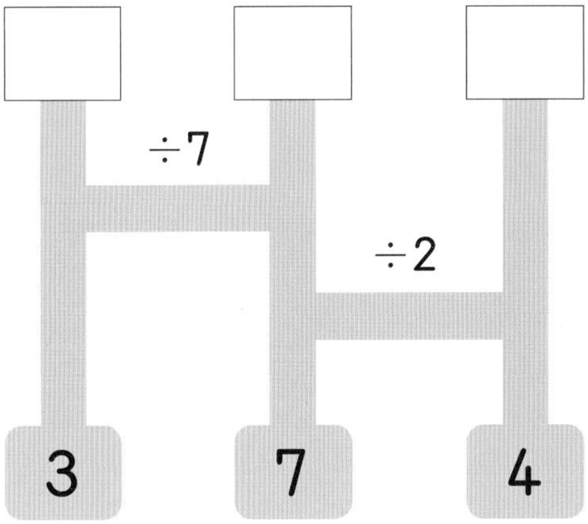

❹

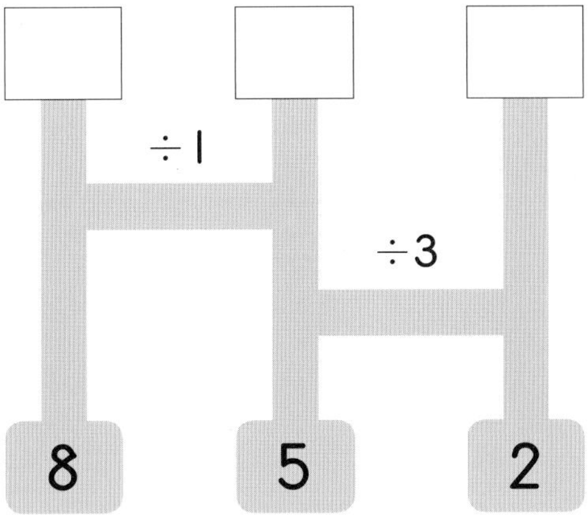

❺

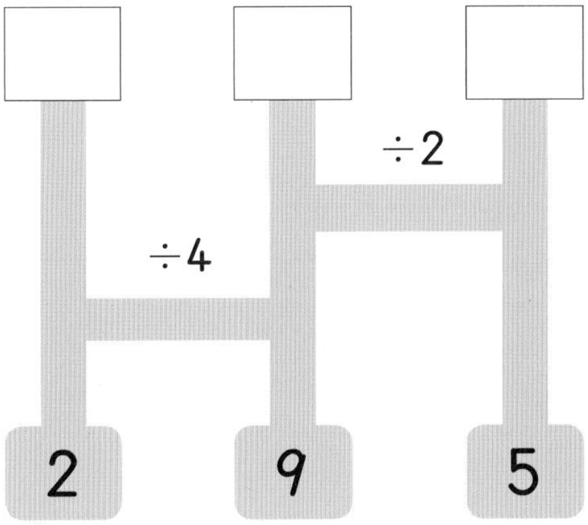

잘 공부했는지 알아봅시다

월 일

1 숫자 카드 중 세 장을 사용하여 계산 결과에 맞는 나눗셈식을 만드시오.

❶ 4 6 1 3

□□ ÷ □ = 4

❷ 1 7 4 2

□□ ÷ □ = 7

2 빈칸에 알맞은 수를 써넣으시오.

❶

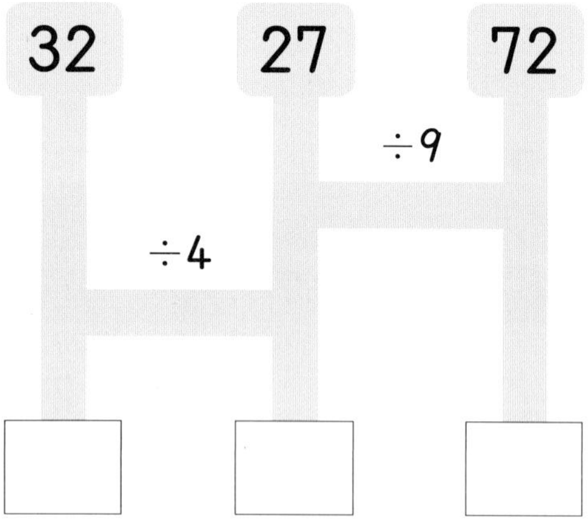

❷

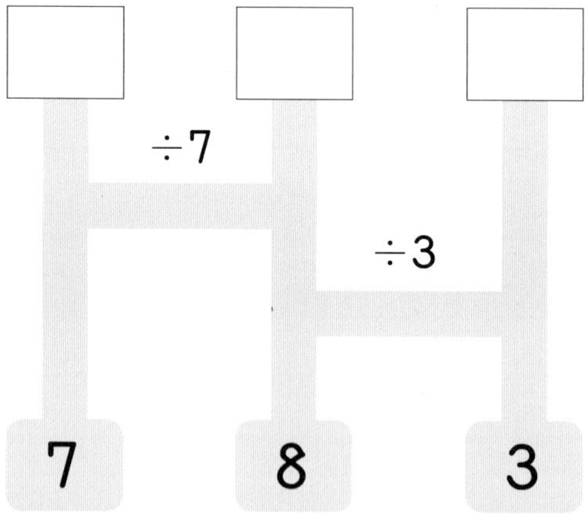

3 나눗셈의 몫을 화살표 방향에 따라 쓴 것입니다. 빈칸에 알맞은 수를 써넣으시오.

❶

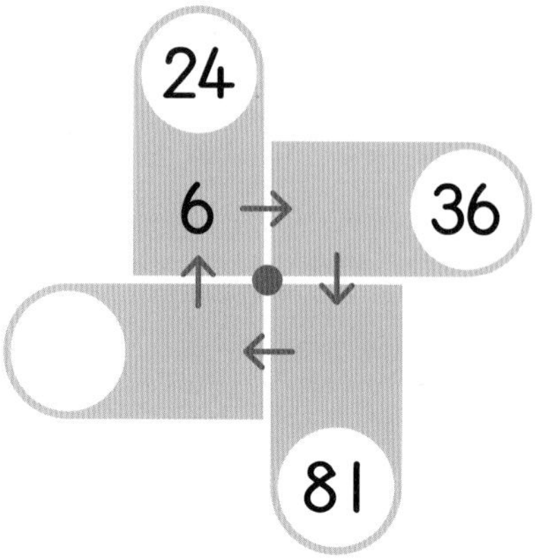

❷

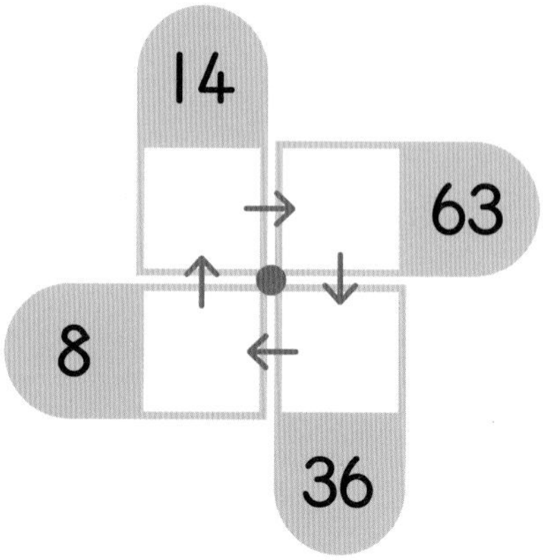

7 곱셈과 나눗셈

505 몫과 곱

506 계단셈

507 창문셈

508 거꾸로셈

505 몫과 곱

◐ 몫과 곱을 빈칸에 써넣으시오.

(예시) $36 \div 4 \times 8$ — 몫: 9, 곱: 32

❶ $27 \div 9 \times 6$

❷ $32 \div 8 \times 6$

❸ $18 \div 6 \times 7$

❹ $27 \div 3 \times 8$

❺ $35 \div 5 \times 6$

❻ $56 \div 7 \times 9$

❼ $81 \div 9 \times 5$

❽ $16 \div 2 \times 7$

◆ 몫과 곱에 맞게 빈칸에 알맞은 수를 써넣으시오.

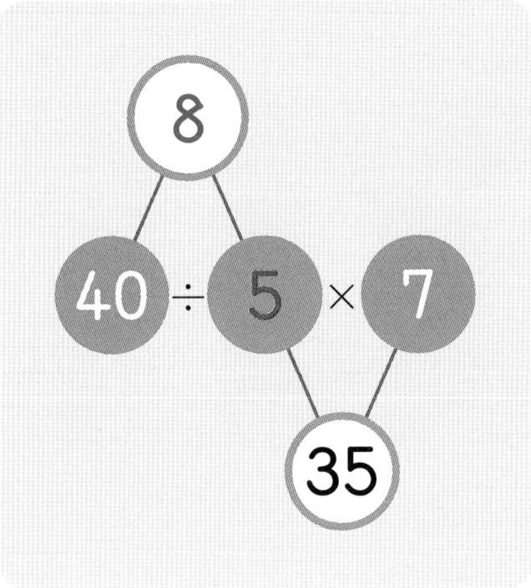

❶

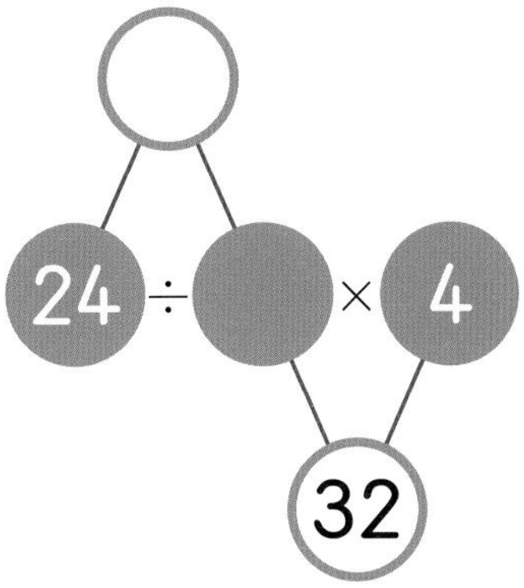

❷

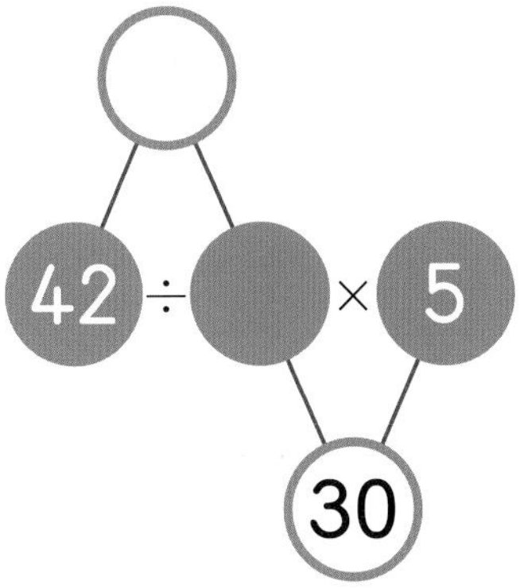

❸

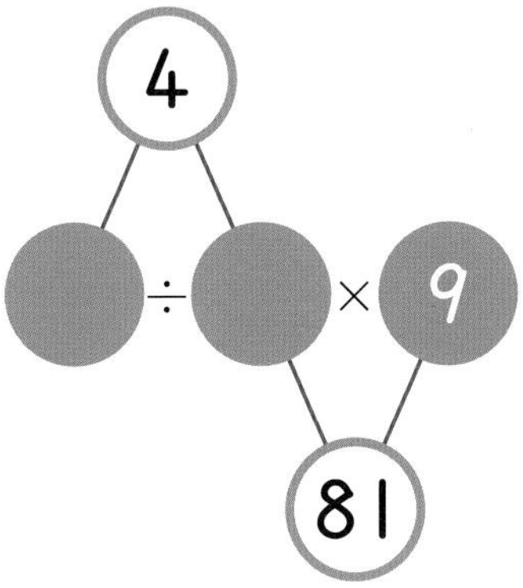

❹

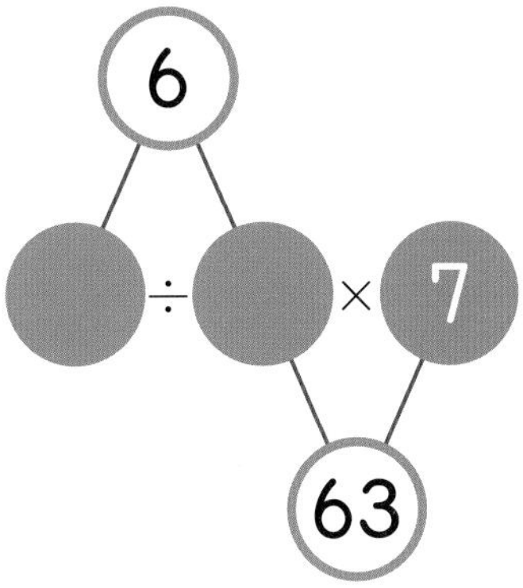

❺

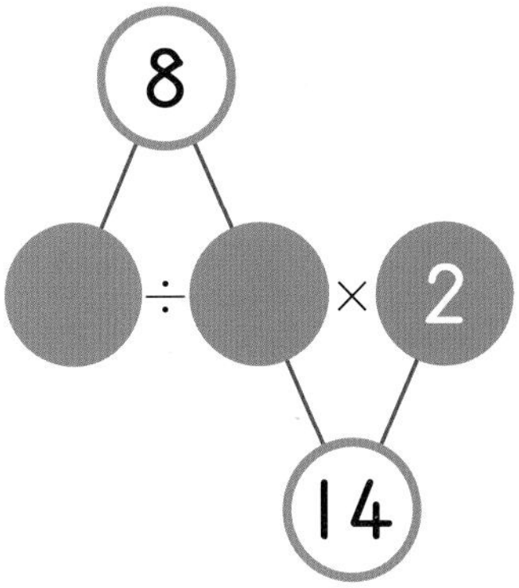

❻

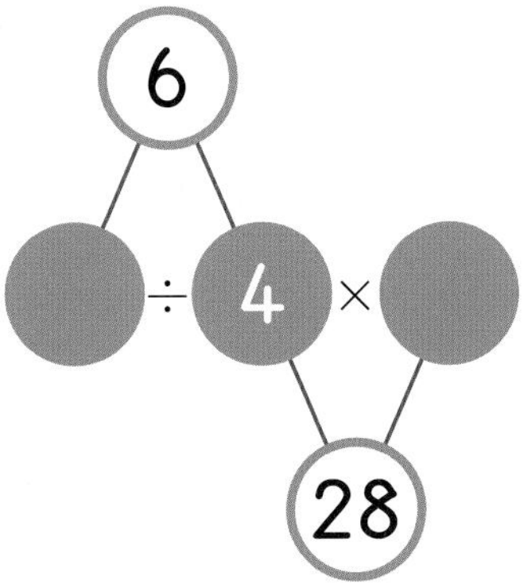

❼

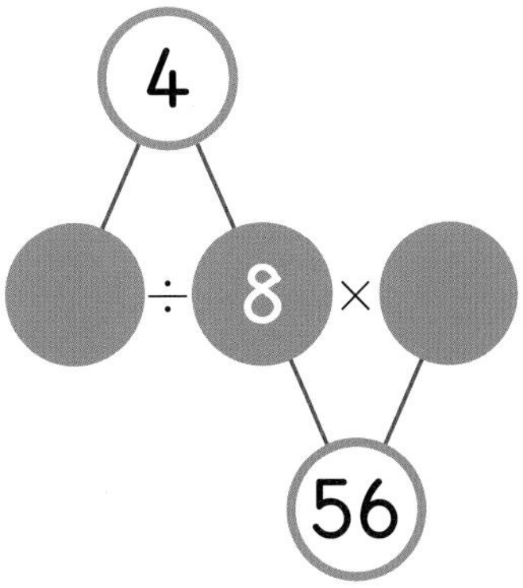

❽

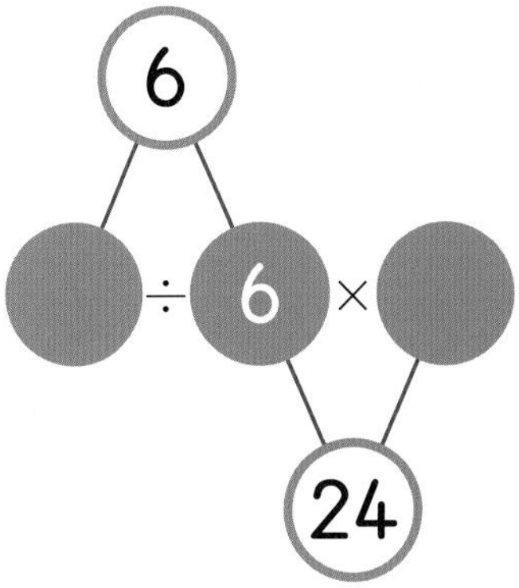

506 계단셈

◐ 빈칸에 알맞은 수를 써넣으시오.

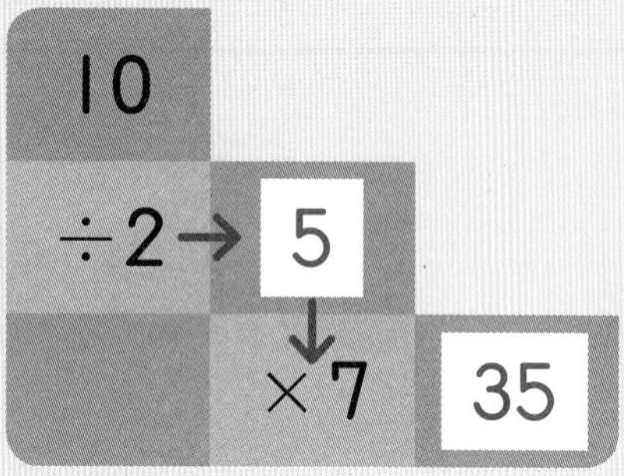

10 $\xrightarrow{\div 2}$ 5 $\xrightarrow{\times 7}$ 35

❶

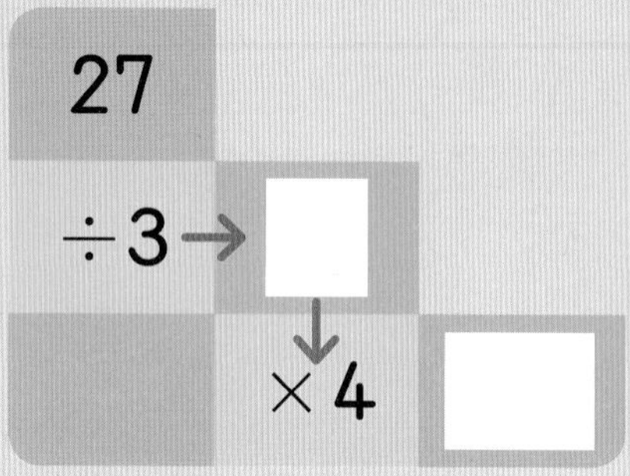

27 $\xrightarrow{\div 3}$ □ $\xrightarrow{\times 4}$ □

❷

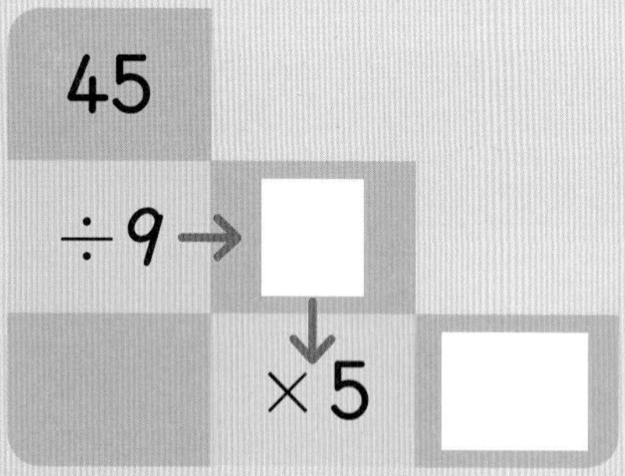

45 $\xrightarrow{\div 9}$ □ $\xrightarrow{\times 5}$ □

❸

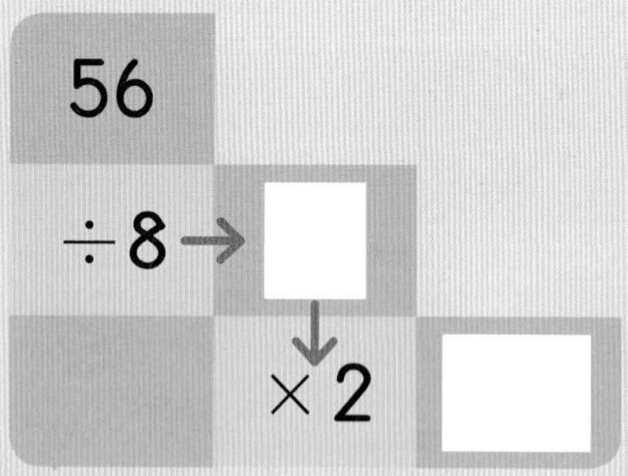

56 $\xrightarrow{\div 8}$ □ $\xrightarrow{\times 2}$ □

❹

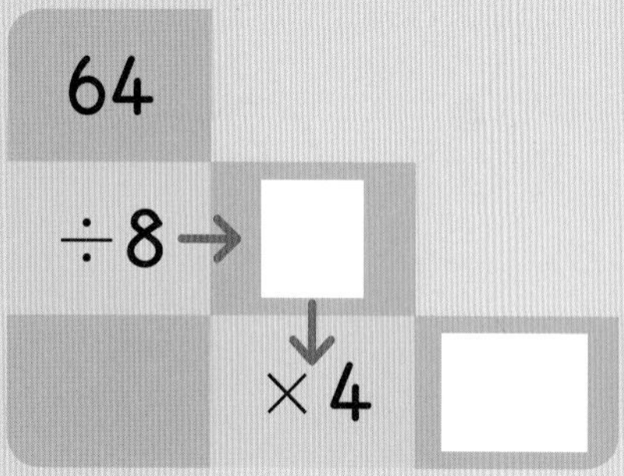

64 $\xrightarrow{\div 8}$ □ $\xrightarrow{\times 4}$ □

❺

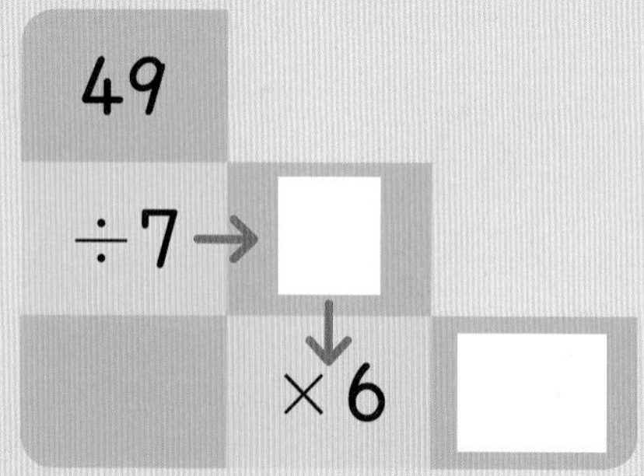

49 $\xrightarrow{\div 7}$ □ $\xrightarrow{\times 6}$ □

월 일

◆ 빈칸에 알맞은 수를 써넣으시오.

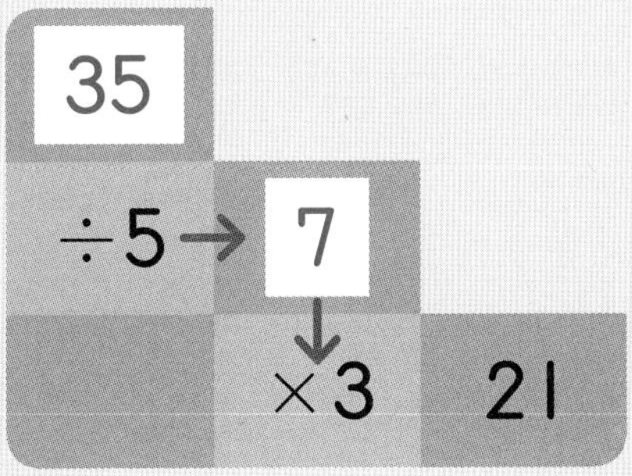

35 $\xrightarrow{\div 5}$ 7 $\xrightarrow{\times 3}$ 21

❶

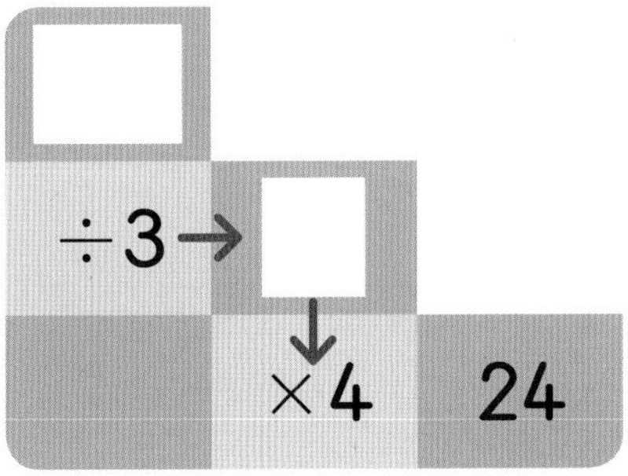

□ $\xrightarrow{\div 3}$ □ $\xrightarrow{\times 4}$ 24

❷

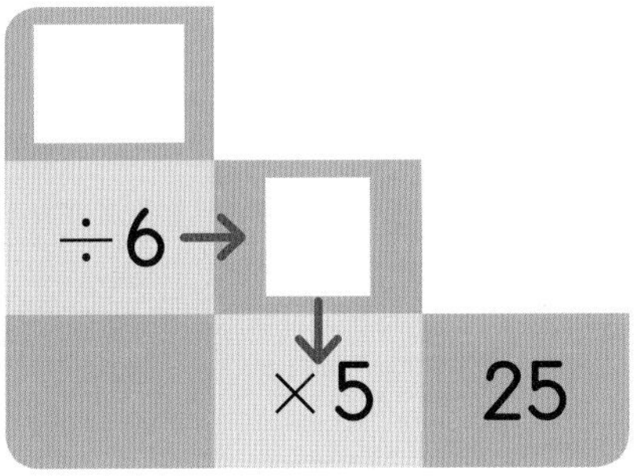

□ $\xrightarrow{\div 6}$ □ $\xrightarrow{\times 5}$ 25

❸

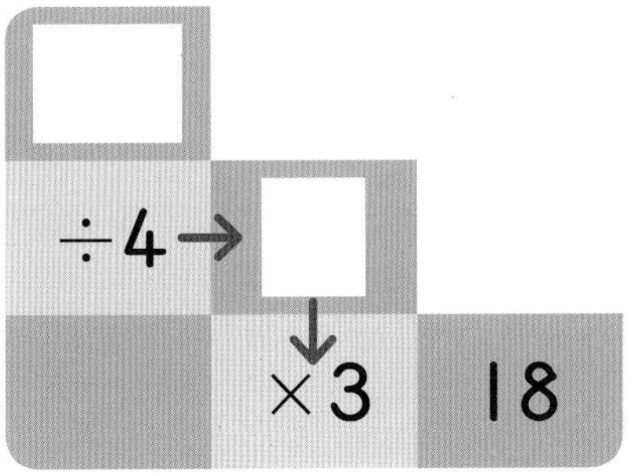

□ $\xrightarrow{\div 4}$ □ $\xrightarrow{\times 3}$ 18

❹

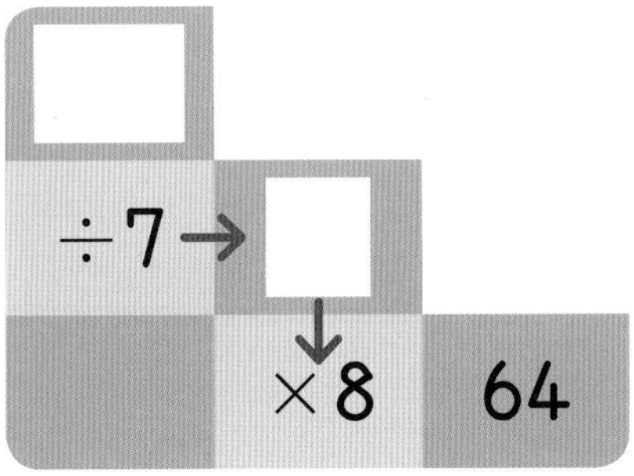

□ $\xrightarrow{\div 7}$ □ $\xrightarrow{\times 8}$ 64

❺

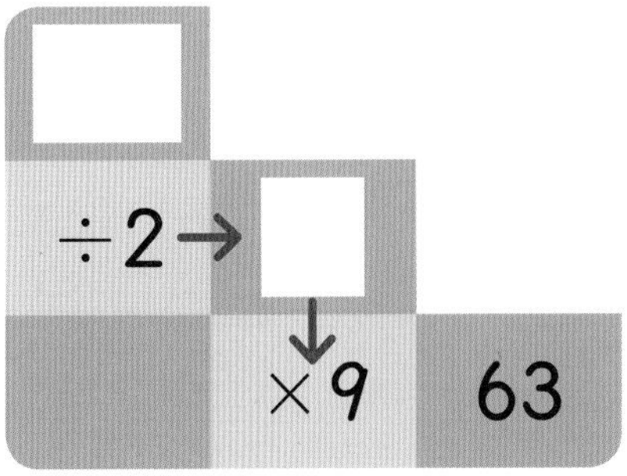

□ $\xrightarrow{\div 2}$ □ $\xrightarrow{\times 9}$ 63

507 창문셈

◐ 빈칸에 알맞은 수를 써넣으시오.

48	÷	6	=	8
−				+
41				41
=				=
7	×	7	=	49

❶

7	×	3	=	
+				−
49				14
=				=
	÷		=	

❷

16	÷	2	=	
−				+
12				16
=				=
	×		=	

❸

8	×	4	=	
+				−
46				26
=				=
	÷		=	

❹

32	÷	4	=	
−				+
28				4
=				=
	×		=	

❺

6	×	5	=	
+				−
21				21
=				=
	÷		=	

◆ 빈칸에 알맞은 수 또는 ×, ÷를 써넣으시오.

35	÷	7	=	5
−				+
29				31
=				=
6	×	6	=	36

❶

		9	=	
+				−
12				16
=				=
14			=	

❷

			=	
+				−
16				24
=				=
20			=	4

❸

9			=	
+				−
54				54
=				=
			=	9

❹

		9	=	
−				+
72				45
=				=
9			=	

❺

			=	
−				+
28				34
=				=
8			=	40

508 거꾸로셈

◐ 빈칸을 알맞게 채우시오.

(예) 9 → ×7 → 63, 63 → ÷7 → 9

❶ 35 → ÷5 → □, □ → □ → 35

❷ 8 → ×6 → □, □ → □ → 8

❸ 36 → ÷9 → □, □ → □ → 36

❹ 6 → ×7 → □, □ → □ → 6

❺ 49 → ÷7 → □, □ → □ → 49

❻ 4 → ×8 → □, □ → □ → 4

❼ 24 → ÷8 → □, □ → □ → 24

❽ 5 → ×6 → □, □ → □ → 5

거꾸로 계산하여 빈칸에 알맞은 수를 써넣으시오.

(예) 20 →(÷5)→ 4 →(×7)→ 28

❶ □ →(×3)→ □ →(×6)→ 54

❷ □ →(×9)→ □ →(÷6)→ 6

❸ □ →(÷6)→ □ →(÷4)→ 2

❹ □ →(÷6)→ □ →(×9)→ 63

❺ □ →(×4)→ □ →(×7)→ 56

❻ □ →(×2)→ □ →(÷6)→ 3

❼ □ →(÷8)→ □ →(÷3)→ 3

❽ □ →(÷3)→ □ →(×5)→ 45

❾ □ →(×2)→ □ →(×3)→ 24

잘 공부했는지 알아봅시다

월 일

1 몫과 곱에 맞게 빈칸에 알맞은 수를 써넣으시오.

❶

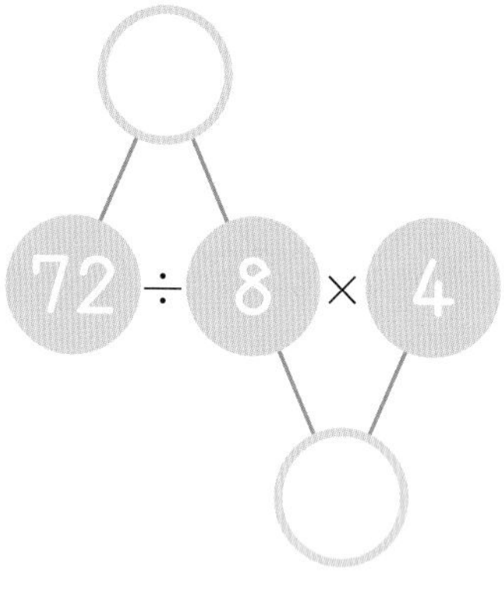

❷

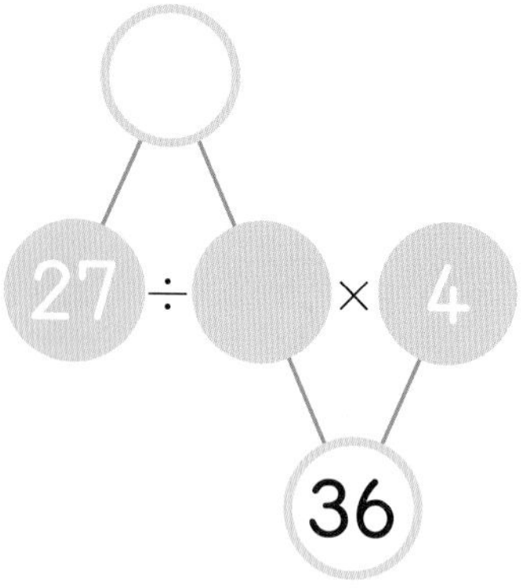

2 두 수가 있습니다. 두 수의 곱은 18이고, 큰 수를 작은 수로 나누면 몫이 2입니다. 두 수를 구하시오.

3 □ 안에 알맞은 수를 써넣으시오.

❶

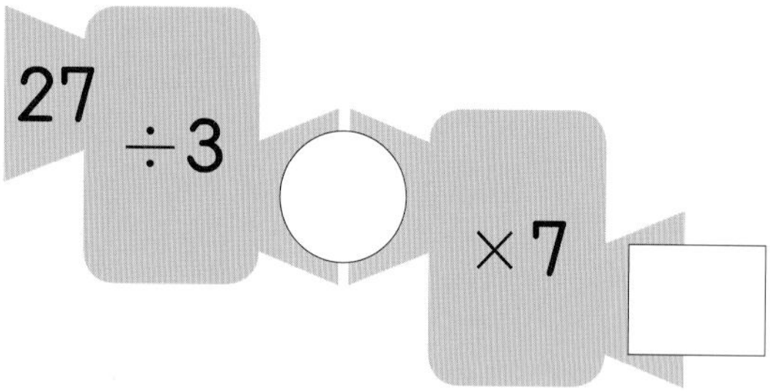

❷

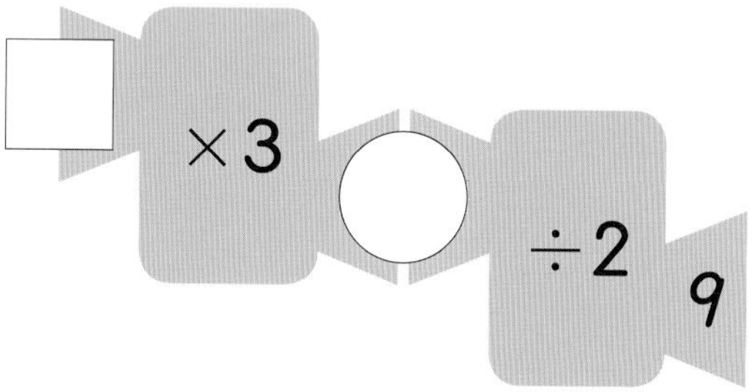

4 10보다 작은 서로 다른 두 홀수가 있습니다. 두 수의 곱을 큰 수로 나눈 몫과 큰 수를 작은 수로 나눈 몫이 같습니다. 두 수를 구하시오.

8 곱셈과 나눗셈 문장제

509 곱셈식과 나눗셈식

◐ 주어진 문장을 보고 곱셈식과 나눗셈식으로 나타내시오.

곱셈		나눗셈
수진이네 반 학생들이 한 줄에 7명씩 8줄로 서니 모두 56명입니다.	→	수진이네 반 학생 56명이 한 줄에 7명씩 서니 모두 8줄입니다.
$7\times8=56$		$56\div7=8$

❶

곱셈		나눗셈
아이들 4명이 과일을 5개씩 따왔더니 과일이 모두 20개가 되었습니다.	→	과일 20개를 아이들 4명이 같은 개수씩 따오려면 한 사람이 5개씩 따와야 합니다.
__________		__________

❷

곱셈		나눗셈
사과를 한 상자에 6개씩 9상자에 나누어 담았더니 모두 54개가 되었습니다.	→	사과 54개를 한 상자에 6개씩 나누어 담았더니 9상자가 되었습니다.
__________		__________

주어진 문장을 이용하여 나눗셈식에 맞는 문제를 만들고 식을 완성하시오.

수현이네 반 학생들이 승합차 5대에 8명씩 나누어 탔습니다. 학생 수는 모두 몇 명입니까?

→

수현이네 반 학생 40명이 승합차 5대에 똑같이 나누어 타려면 승합차 한 대에 몇 명씩 타야 합니까?

$5 \times 8 =$ 40

$40 \div 5 =$ 8

❶ 음료수가 6병씩 들어 있는 상자가 7개 있습니다. 음료수는 모두 몇 병입니까?

→

$6 \times 7 =$ □

$42 \div 6 =$ □

❷ 1주일은 7일이고 여름방학은 5주입니다. 여름방학은 모두 며칠입니까?

→

$7 \times 5 =$ □

$35 \div 7 =$ □

510 한 식 문장제

◐ □ 안에 알맞은 수를 써넣으시오.

고양이의 다리는 4개입니다. 고양이 9마리의 다리는 모두 몇 개입니까?

식 : [4] × [9] = [36] (개)

❶ 사탕 42개를 상자 7개에 똑같이 나누어 담으려고 합니다. 한 상자에 몇 개씩 담을 수 있습니까?

식 : □ ÷ □ = □ (개)

❷ 연필꽂이에 색연필이 9자루씩 꽂혀 있습니다. 연필꽂이 5개에 꽂혀 있는 색연필은 모두 몇 자루입니까?

식 : □ × □ = □ (자루)

❸ 승합차 1대에는 8명이 탈 수 있습니다. 승합차 6대에는 모두 몇 명이 탈 수 있습니까?

식 : □ × □ = □ (명)

❹ 동화책 21권을 책꽂이에 꽂으려고 합니다. 책꽂이 한 칸에 동화책을 7권씩 꽂는다면 책꽂이는 모두 몇 칸이 필요합니까?

식 : □ ÷ □ = □ (칸)

⊕ 식과 답을 쓰시오.

한 사람이 공깃돌을 6개씩 가지고 있습니다. 친구들 8명이 가지고 있는 공깃돌은 모두 몇 개입니까?

식 : $6 \times 8 = 48$(개) 답 : 48 개

❶ 연필 24자루를 한 사람에게 3자루씩 나누어 주려고 합니다. 몇 명에게 나누어 줄 수 있습니까?

식 : ________ 답 : ____ 명

❷ 곶감 32개를 4명에게 똑같이 나누어 주면 한 사람은 곶감을 몇 개씩 가지게 됩니까?

식 : ________ 답 : ____ 개

❸ 영화를 보기 위해 학생들이 5명씩 8줄로 서 있습니다. 줄을 선 학생들은 모두 몇 명입니까?

식 : ________ 답 : ____ 명

❹ 과수원에서 배 54개를 땄습니다. 한 봉지에 6개씩 포장하면 몇 봉지가 됩니까?

식 : ________ 답 : ____ 봉지

511 어떤 수 구하기

◐ □를 사용한 식으로 나타내고, 어떤 수를 구하시오.

어떤 수에 7을 곱하였더니 42가 되었습니다. 어떤 수는 얼마입니까?

식 : $\square \times 7 = 42$ 어떤 수 : 6

❶ 어떤 수를 3으로 나누었더니 6이 되었습니다. 어떤 수는 얼마입니까?

식 : ________ 어떤 수 : ________

❷ 8에 어떤 수를 곱하였더니 56이 되었습니다. 어떤 수는 얼마입니까?

식 : ________ 어떤 수 : ________

❸ 42를 어떤 수로 나누었더니 7이 되었습니다. 어떤 수는 얼마입니까?

식 : ________ 어떤 수 : ________

❹ 어떤 수와 6의 곱은 36입니다. 어떤 수는 얼마입니까?

식 : ________ 어떤 수 : ________

❺ 어떤 수를 4로 나누면 몫이 5입니다. 어떤 수는 얼마입니까?

식 : ________ 어떤 수 : ________

⊕ 어떤 수를 구하고 물음에 답하시오.

어떤 수에 7을 곱하였더니 56이 되었습니다. 어떤 수를 4로 나누면 얼마입니까?

어떤 수 : $\square \times 7=56$, $\square=8$

계산하기 : $8 \div 4=2$

❶ 어떤 수를 3으로 나누면 몫이 3입니다. 어떤 수에 6을 곱하면 얼마입니까?

어떤 수 : ________

계산하기 : ________

❷ 64를 어떤 수로 나누면 몫이 8입니다. 어떤 수에 7을 곱하면 얼마입니까?

어떤 수 : ________

계산하기 : ________

❸ 9에 어떤 수를 곱하였더니 36이 되었습니다. 24를 어떤 수로 나누면 몫이 얼마입니까?

어떤 수 : ________

계산하기 : ________

❹ 어떤 수에 7을 곱해야 할 것을 잘못하여 5를 곱하였더니 35가 되었습니다. 바르게 계산하면 얼마입니까?

어떤 수 : ________

계산하기 : ________

512 여러 식 문장제

◐ □ 안에 알맞은 수를 써넣으시오.

과수원에서 어제 딴 사과 25개와 오늘 딴 사과 11개를 똑같은 개수씩 4봉지에 나누어 담아 모두 포장하였습니다. 한 봉지에 들어 있는 사과는 모두 몇 개입니까?

25 + 11 = 36, 36 ÷ 4 = 9 (개)

❶ 하루에 동화책을 민주는 7쪽, 소영이는 9쪽씩 읽습니다. 민주와 소영이가 4일 동안 읽는 동화책은 모두 몇 쪽입니까?

□ × □ = □, □ × □ = □, □ + □ = □ (쪽)

❷ 승희네 모둠 9명이 4권씩 동화책을 가져와서 친구들에게 6권씩 똑같이 나누어 주려고 합니다. 친구 몇 명에게 나누어 줄 수 있습니까?

□ × □ = □, □ ÷ □ = □ (명)

❸ 개미 한 마리의 다리는 6개이고 거미 한 마리의 다리는 8개입니다. 개미가 7마리, 거미가 5마리 있다고 할 때 개미의 다리는 거미의 다리보다 몇 개 더 많습니까?

□ × □ = □, □ × □ = □, □ − □ = □ (개)

⊕ 식과 답을 쓰시오.

수정이네 반 아이들이 운동장에 줄을 지어 서 있습니다. 남학생 16명은 8명씩, 여학생 24명은 6명씩 줄을 섰다면 학생들은 모두 몇 줄로 서 있습니까?

식 : $16 \div 8 = 2$, $24 \div 6 = 4$, $2 + 4 = 6$ 답 : 6 줄

❶ 진영이는 사탕을 5개씩 5봉지, 찬희는 7개씩 4봉지 담았습니다. 담은 사탕은 모두 몇 개입니까?

식 : ________ , ________ , ________ 답 : _____ 개

❷ 빵이 한 바구니에 8개씩 3바구니가 있습니다. 이 빵을 4개씩 봉지에 담아 모두 포장하였습니다. 포장한 빵은 모두 몇 봉지입니까?

식 : ________ , ________ 답 : _____ 봉지

❸ 철수네 반에서 도서관에 기증하기 위해 책을 모았습니다. 동화책은 8권씩 4상자를 모았고, 위인전은 9권씩 3상자를 모았습니다. 책을 모두 몇 권 모았습니까?

식 : ________ , ________ , ________ 답 : _____ 권

잘 공부했는지 알아봅시다

월　　일

1 운동장에 학생들이 한 줄에 7명씩 9줄로 서 있습니다. 줄을 서 있는 학생들은 모두 몇 명입니까?

식 : ____________　　답 : ______ 명

2 배구 시합에 출전한 선수는 한 팀당 6명입니다. 배구 선수 24명으로 배구팀을 몇 팀 만들 수 있습니까?

식 : ____________　　답 : ______ 팀

3 다음 나눗셈식을 보고 빈칸에 알맞은 수를 써넣으시오.

$30 \div 6 = 5$

우리 반 학생 ☐ 명을 ☐ 명씩 한 모둠으로 만들면 ☐ 모둠을 만들 수 있습니다.

4 어머니께서 한 봉지에 8개씩 들어 있는 귤을 6봉지 사오셨습니다. 집에 8개를 남겨 두고 나머지를 이웃 할머니 5분께 똑같이 나누어 드리려고 합니다. 할머니 한 분께 몇 개씩 나누어 드리면 됩니까?

식 : ____________ , ____________ , ____________　　답 : ______ 개

MEMO

MEMO

사고셈

정답 및 해설
Guide Book

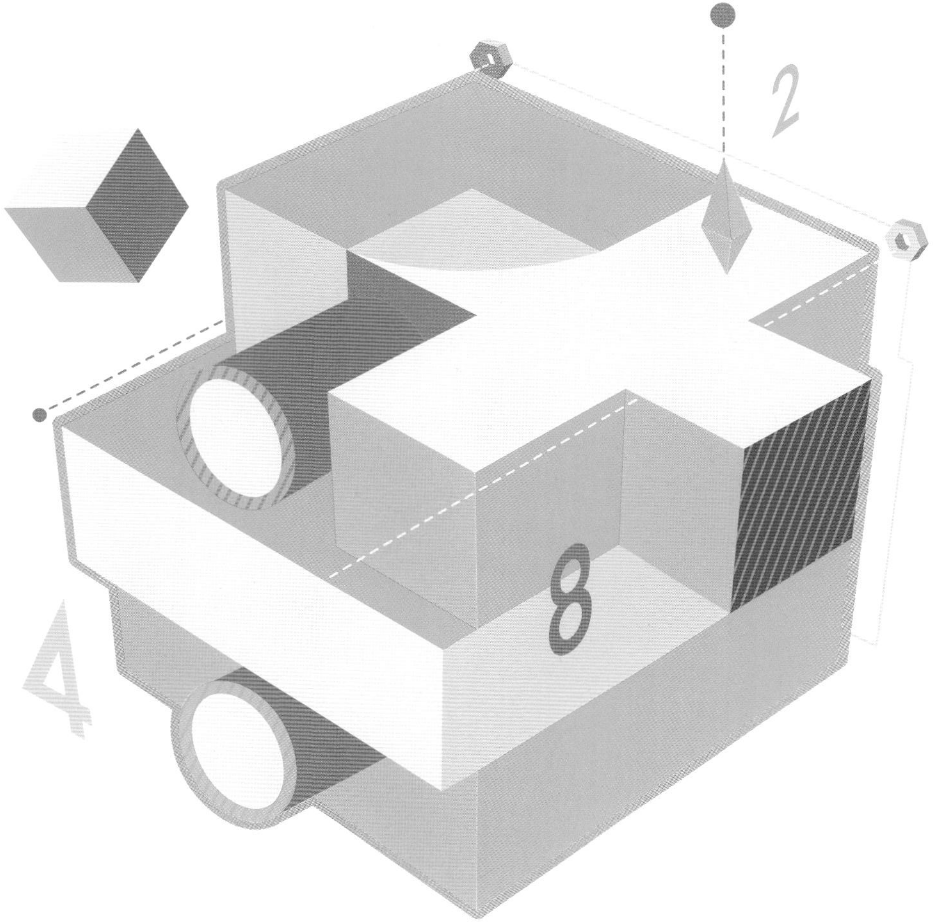

초등2 4호

곱셈과 나눗셈 구구

NE 능률

481 똑같이 나누기

◐ ● 안의 수만큼 나누고, 빈칸에 알맞은 수를 써넣으시오.

20은 (4)씩 [5] 묶음

❶
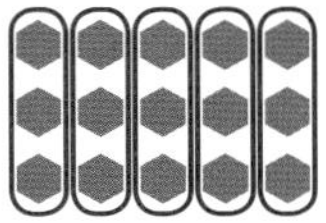

15는 (3)씩 [5] 묶음

❷
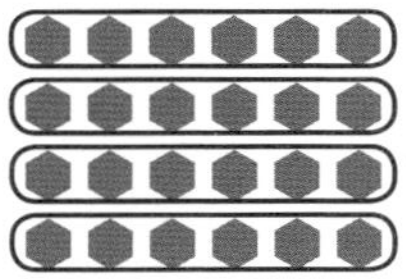

24는 (6)씩 [4] 묶음

❸

25는 (5)씩 [5] 묶음

❹

16은 (2)씩 [8] 묶음

❺
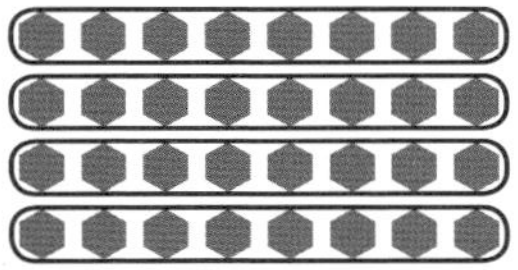

32는 (8)씩 [4] 묶음

20을 4씩 나누면 5묶음입니다. 이것을 나눗셈식으로 나타내면 20÷4=5입니다.

◈ ● 안의 수만큼 나누고, 빈칸에 알맞은 수를 써넣으시오.

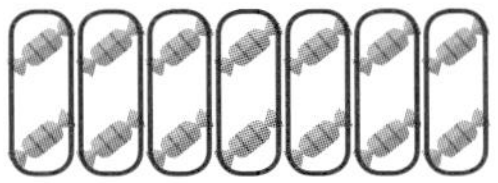

[14] ÷ (2) = [7]

전체 묶음의 개수

❶
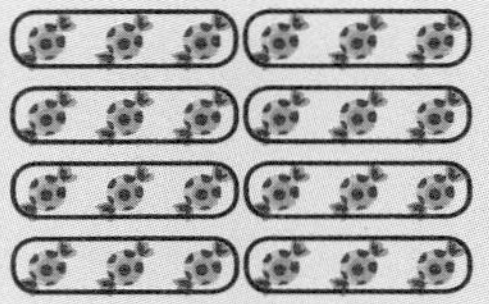

[24] ÷ (3) = [8]

❷
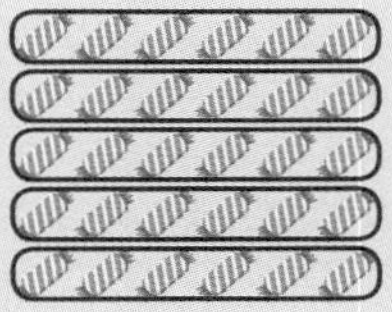

[30] ÷ (6) = [5]

❸
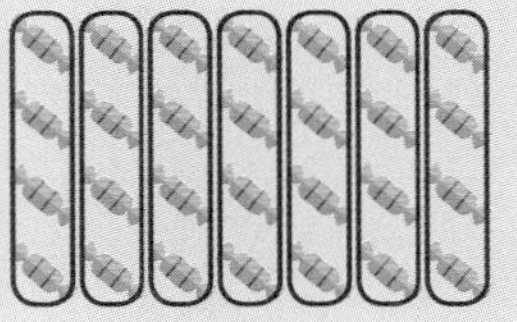

[28] ÷ (4) = [7]

❹
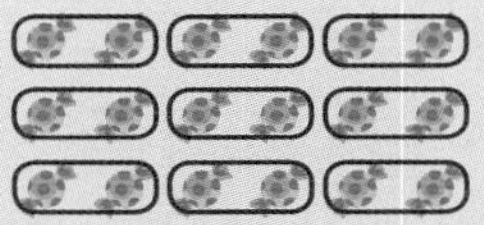

[18] ÷ (2) = [9]

❺
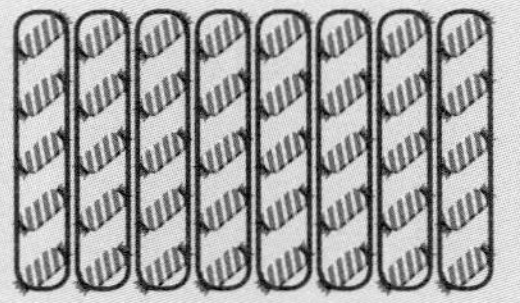

[40] ÷ (5) = [8]

482 뺄셈식과 나눗셈식

◐ 그림을 보고 뺄셈식과 나눗셈식을 쓰시오.

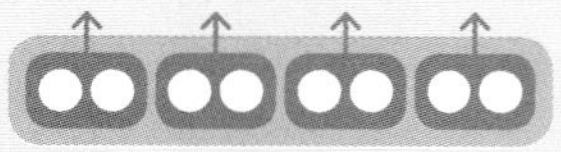

$8-2-2-2-2=0$

$8\div2=4$

❶ 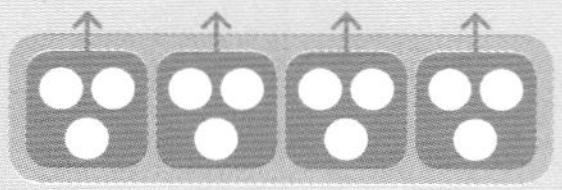

$12-3-3-3-3=0$

$12\div3=4$

❷ 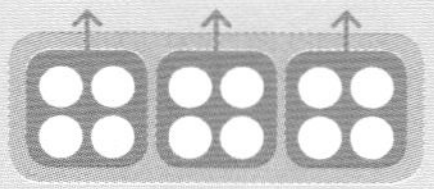

$12-4-4-4=0$

$12\div4=3$

❸ 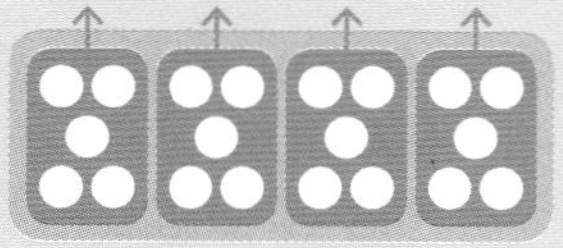

$20-5-5-5-5=0$

$20\div5=4$

❹ 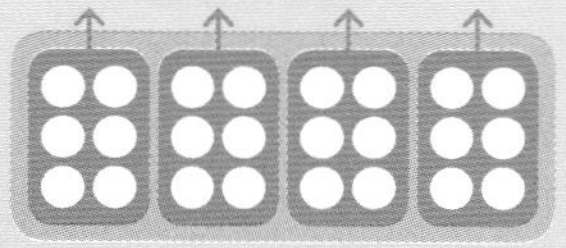

$24-6-6-6-6=0$

$24\div6=4$

6에서 2를 3번 빼면 0입니다.
(6−2−2−2=0)
나눗셈으로 나타내면
(전체)÷(빼는 수)
=(빼는 횟수)이므로
6÷2=3입니다.

◐ 뺄셈식을 나눗셈식으로 나타내시오.

$12-3-3-3-3=0$ → $12\div3=4$ ← 빼는 횟수 (3: 빼는 수)

❶ $16-4-4-4-4=0$ → $16\div4=4$

❷ $24-8-8-8=0$ → $24\div8=3$

◐ 나눗셈식을 뺄셈식으로 나타내시오.

$21\div7=3$ → $21-7-7-7=0$

❸ $8\div2=4$ → $8-2-2-2-2=0$

❹ $20\div4=5$ → $20-4-4-4-4-4=0$

483 세로셈

월 일

◐ 나눗셈을 세로 형식으로 쓰시오.

(나누어지는 수)÷(나누는 수)=(몫) → (나누는 수)$\overline{)(\text{나누어지는 수})}$ 위에 (몫)

- 24÷3=8 → $3\overline{)24}$, 몫 8
- ❶ 36÷4=9 → $4\overline{)36}$, 몫 9
- ❷ 72÷9=8 → $9\overline{)72}$, 몫 8
- ❸ 42÷6=7 → $6\overline{)42}$, 몫 7
- ❹ 48÷8=6 → $8\overline{)48}$, 몫 6
- ❺ 24÷8=3 → $8\overline{)24}$, 몫 3
- ❻ 32÷4=8 → $4\overline{)32}$, 몫 8
- ❼ 49÷7=7 → $7\overline{)49}$, 몫 7
- ❽ 18÷6=3 → $6\overline{)18}$, 몫 3
- ❾ 27÷3=9 → $3\overline{)27}$, 몫 9
- ❿ 35÷5=7 → $5\overline{)35}$, 몫 7
- ⓫ 30÷6=5 → $6\overline{)30}$, 몫 5

◑ 나눗셈식을 세로 형식으로 쓰고 몫을 구하시오.

- 42÷7=6 → $7\overline{)42}$, 몫 6
- ❶ 12÷4=3 → $4\overline{)12}$, 몫 3
- ❷ 20÷5=4 → $5\overline{)20}$, 몫 4
- ❸ 63÷7=9 → $7\overline{)63}$, 몫 9
- ❹ 56÷7=8 → $7\overline{)56}$, 몫 8
- ❺ 27÷3=9 → $3\overline{)27}$, 몫 9
- ❻ 35÷5=7 → $5\overline{)35}$, 몫 7
- ❼ 72÷8=9 → $8\overline{)72}$, 몫 9
- ❽ 25÷5=5 → $5\overline{)25}$, 몫 5

484 여러 방법으로 나누기

월 일

◐ 가로, 세로로 한 줄씩 묶고 나눗셈식으로 나타내시오.

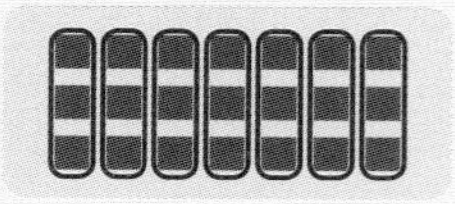

21 ÷ 3 = 7
21 ÷ 7 = 3

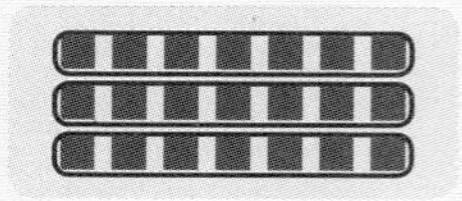

❶

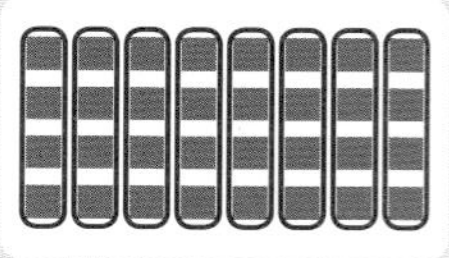

32 ÷ 4 = 8
32 ÷ 8 = 4

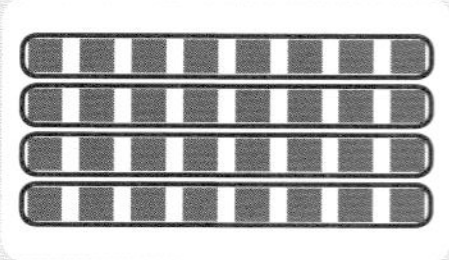

❷

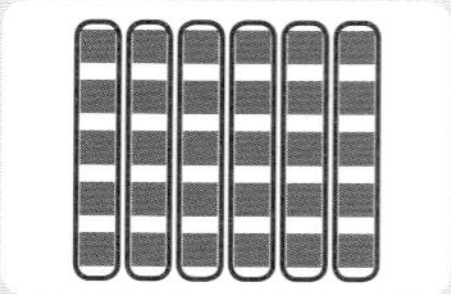

30 ÷ 5 = 6
30 ÷ 6 = 5

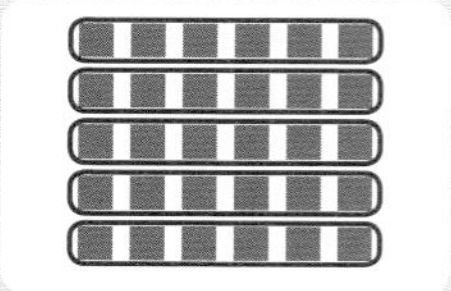

❸

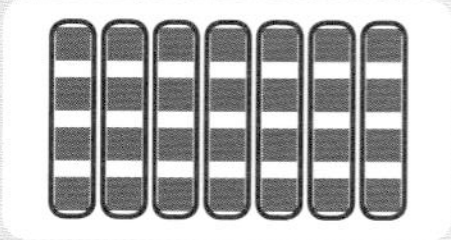

28 ÷ 4 = 7
28 ÷ 7 = 4

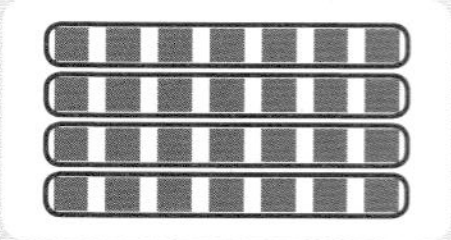

◐ 묶는 방법을 다르게 하여 나누고, 나눗셈식으로 나타내시오.

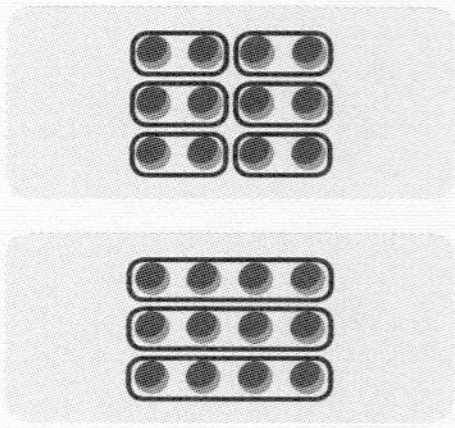

12 ÷ 2 = 6
12 ÷ 3 = 4
12 ÷ 4 = 3
12 ÷ 6 = 2

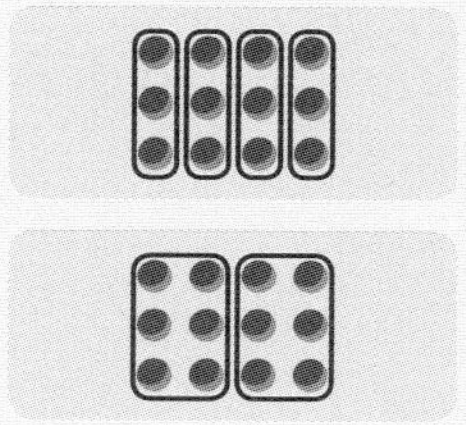

❶

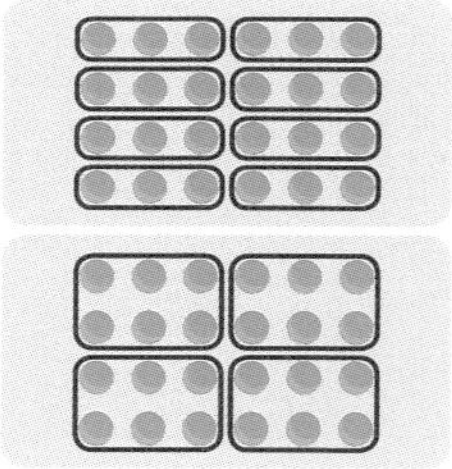

24 ÷ 3 = 8
24 ÷ 4 = 6
24 ÷ 6 = 4
24 ÷ 8 = 3

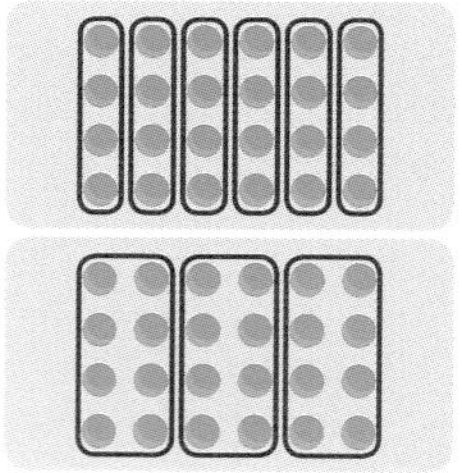

❷

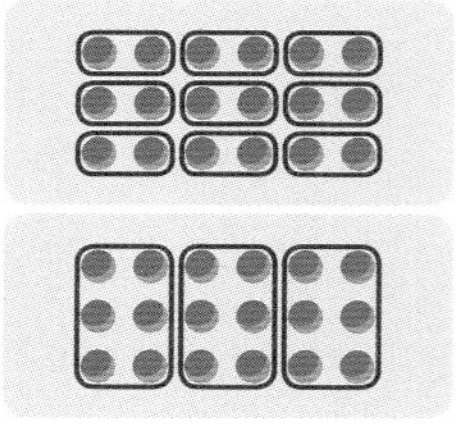

18 ÷ 2 = 9
18 ÷ 3 = 6
18 ÷ 6 = 3
18 ÷ 9 = 2

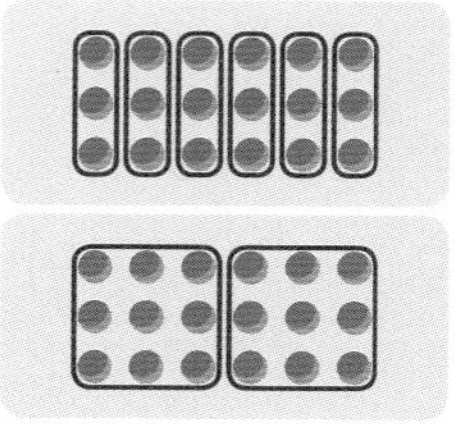

잘 공부했는지 알아봅시다

월 일

1 바둑돌이 18개 있습니다. 물음에 답하시오.

❶ 3개씩 나누어 보시오. 3개씩 모두 몇 묶음입니까? 6묶음

❷ 2개씩 나누어 보시오. 2개씩 모두 몇 묶음입니까? 9묶음

❸ 6개씩 나누어 보시오. 6개씩 모두 몇 묶음입니까? 3묶음

(나누어지는 수) ÷ (나누는 수) = (몫)

2 다음 나눗셈을 세로 형식으로 나타내고, 몫을 구하시오. → (나누는 수)$\overline{)\text{(나누어지는 수)}}$ 위에 (몫)

❶ 56÷8 7

→ $8\overline{)56}$ 몫 7

❷ 27÷3 9

→ $3\overline{)27}$ 몫 9

3 뺄셈식은 나눗셈식으로, 나눗셈식은 뺄셈식으로 나타내시오.

❶ 40−8−8−8−8−8=0 → 40÷8=5

❷ 35÷7=5 → 35−7−7−7−7−7=0

16

485 그림 보고 식 만들기

◐ 그림을 보고 □ 안에 알맞은 수를 써넣으시오.

곱셈식 $3 \times 6 = 18$, $6 \times 3 = 18$

나눗셈식 $18 \div 3 = 6$, $18 \div 6 = 3$

❶

곱셈식 $4 \times 5 = 20$, $5 \times 4 = 20$

나눗셈식 $20 \div 4 = 5$, $20 \div 5 = 4$

❷

곱셈식 $5 \times 6 = 30$, $6 \times 5 = 30$

나눗셈식 $30 \div 5 = 6$, $30 \div 6 = 5$

❸

곱셈식 $3 \times 7 = 21$, $7 \times 3 = 21$

나눗셈식 $21 \div 3 = 7$, $21 \div 7 = 3$

월 일

◑ 그림을 이용하여 곱셈식과 나눗셈식을 각각 두 개씩 만드시오.

$3 \times 8 = 24$

$8 \times 3 = 24$

$24 \div 3 = 8$

$24 \div 8 = 3$

❶

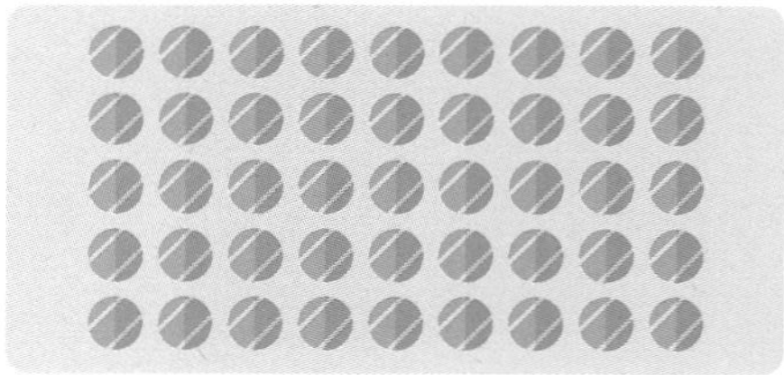

$5 \times 9 = 45$

$9 \times 5 = 45$

$45 \div 5 = 9$

$45 \div 9 = 5$

❷

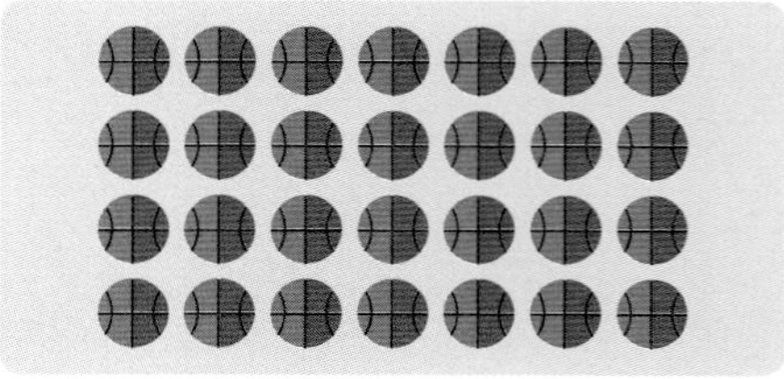

$4 \times 7 = 28$

$7 \times 4 = 28$

$28 \div 4 = 7$

$28 \div 7 = 4$

486 곱셈과 나눗셈의 관계

월 일

◐ 곱셈식을 보고 나눗셈식을 두 개 만드시오.

$8\times4=32$ → $32\div8=4$, $32\div4=8$

❶ $6\times7=42$ → $42\div6=7$, $42\div7=6$

❷ $9\times5=45$ → $45\div9=5$, $45\div5=9$

❸ $7\times3=21$ → $21\div7=3$, $21\div3=7$

◐ 나눗셈식을 보고 곱셈식을 두 개 만드시오.

$35\div5=7$ → $5\times7=35$, $7\times5=35$

❹ $48\div6=8$ → $6\times8=48$, $8\times6=48$

❺ $72\div9=8$ → $9\times8=72$, $8\times9=72$

❻ $36\div9=4$ → $9\times4=36$, $4\times9=36$

곱셈식 ▲×●=■에서 ■를 ▲로 나누면 ●가 몫이 되는 나눗셈식, ●로 나누면 ▲가 몫이 되는 나눗셈식 두 가지를 만들 수 있습니다. 역으로 나눗셈식으로 곱셈식 두 개를 만들 수 있습니다.

◐ 주어진 수를 사용하여 곱셈식과 나눗셈식을 각각 두 개씩 만드시오.

8 56 7: $7\times8=56$, $8\times7=56$; $56\div7=8$, $56\div8=7$

❶ 4 12 3: $3\times4=12$, $4\times3=12$; $12\div3=4$, $12\div4=3$

❷ 9 18 2: $2\times9=18$, $9\times2=18$; $18\div2=9$, $18\div9=2$

❸ 3 8 24: $3\times8=24$, $8\times3=24$; $24\div3=8$, $24\div8=3$

❹ 63 9 7: $7\times9=63$, $9\times7=63$; $63\div7=9$, $63\div9=7$

487 카드 관계셈

◐ 숫자 카드를 모두 사용하여 곱셈식 또는 나눗셈식을 완성하시오.

(예) 카드: 0 4 5 8
$40 \div 5 = 8$, $40 \div 8 = 5$

❶ 카드: 0 1 2 5
$2 \times 5 = 10$, $5 \times 2 = 10$

❷ 카드: 3 5 5 7
$35 \div 5 = 7$, $35 \div 7 = 5$

❸ 카드: 2 7 8 9
$8 \times 9 = 72$, $9 \times 8 = 72$

❹ 카드: 3 6 7 9
$63 \div 7 = 9$, $63 \div 9 = 7$

❺ 카드: 1 2 3 7
$3 \times 7 = 21$, $7 \times 3 = 21$

월 일

◐ 숫자 카드를 모두 사용하여 곱셈식과 나눗셈식을 각각 두 개씩 만들어 보시오.

(예) 카드: 1 2 4 7
$14 \div 2 = 7$, $14 \div 7 = 2$, $2 \times 7 = 14$, $7 \times 2 = 14$

❶ 카드: 2 4 7 8
$28 \div 4 = 7$, $28 \div 7 = 4$, $4 \times 7 = 28$, $7 \times 4 = 28$

❷ 카드: 2 3 7 9
$27 \div 3 = 9$, $27 \div 9 = 3$, $3 \times 9 = 27$, $9 \times 3 = 27$

❸ 카드: 4 5 6 9
$54 \div 6 = 9$, $54 \div 9 = 6$, $6 \times 9 = 54$, $9 \times 6 = 54$

488 곱셈식에서 나눗셈의 몫

월 일

◐ 곱셈식을 보고 나눗셈식을 만드시오.

$8\times7=56$

$56\div\boxed{8}=\boxed{7}$

$56\div\boxed{7}=\boxed{8}$

❶ $2\times9=18$

$18\div\boxed{2}=\boxed{9}$

$18\div\boxed{9}=\boxed{2}$

❷ $4\times8=32$

$32\div\boxed{4}=\boxed{8}$

$32\div\boxed{8}=\boxed{4}$

❸ $6\times9=54$

$54\div\boxed{6}=\boxed{9}$

$54\div\boxed{9}=\boxed{6}$

❹ $7\times5=35$

$35\div\boxed{7}=\boxed{5}$

$35\div\boxed{5}=\boxed{7}$

❺ $5\times8=40$

$40\div\boxed{5}=\boxed{8}$

$40\div\boxed{8}=\boxed{5}$

❻ $9\times3=27$

$27\div\boxed{9}=\boxed{3}$

$27\div\boxed{3}=\boxed{9}$

❼ $3\times6=18$

$18\div\boxed{3}=\boxed{6}$

$18\div\boxed{6}=\boxed{3}$

곱셈식 ◆×●=■에서 나눗셈식 ■÷◆=●, ■÷●=◆를 만들 수 있습니다.

◑ □ 안에 알맞은 수를 써넣으시오.

$8\times\boxed{5}=40$ ⟷ $40\div8=\boxed{5}$

❶ $7\times\boxed{6}=42$ ⟷ $42\div7=\boxed{6}$

❷ $4\times\boxed{9}=36$ ⟷ $36\div4=\boxed{9}$

❸ $6\times\boxed{9}=54$ ⟷ $54\div6=\boxed{9}$

❹ $9\times\boxed{7}=63$ ⟷ $63\div9=\boxed{7}$

❺ $5\times\boxed{8}=40$ ⟷ $40\div5=\boxed{8}$

❻ $3\times\boxed{6}=18$ ⟷ $18\div3=\boxed{6}$

잘 공부했는지 알아봅시다

월 일

1 그림을 곱셈식과 나눗셈식으로 나타내시오.

곱셈식 $4 \times 6 = 24$, $6 \times 4 = 24$

나눗셈식 $24 \div 4 = 6$, $24 \div 6 = 4$

2 나눗셈의 몫을 구한 다음, 나눗셈식을 보고 곱셈식 두 개를 만들어 보시오.

$24 \div 3 = 8$

$3 \times 8 = 24$

$8 \times 3 = 24$

나눗셈식 ■÷◆=●에서 곱셈식 ◆×●=■, ●×◆=■을 만들 수 있습니다.

3 □ 안에 알맞은 수를 써넣으시오.

❶ $48 \div 8 = 6$ ⟷ $8 \times 6 = 48$

❷ $63 \div 9 = 7$ ⟷ $9 \times 7 = 63$

갈림길

◐ 계산에 맞게 선을 그으시오.

(예시) 28 ÷ (4, 6, 7) = 4 — 28÷7=4

❶ 48 ÷ (6, 7, 8) = 6 — 48÷8=6

❷ 63 ÷ (8, 9, 7) = 7

❸ 54 ÷ (3, 6, 9) = 6

❹ 25 ÷ (5, 4, 6) = 5

❺ 42 ÷ (7, 6, 8) = 7

❻ 15 ÷ (3, 5, 7) = 5

❼ 12 ÷ (3, 2, 6) = 6

◑ 계산에 맞게 빈칸에 알맞은 수를 써넣으시오.

(예시) 9 ÷ 9 = 1, 9 ÷ 3 = 3, 9 ÷ 1 = 9 — 9÷9=1, 9÷3=3, 9÷1=9

❶ 24 ÷ 3 = 8, 24 ÷ 4 = 6, 24 ÷ 6 = 4 — 24÷3=8, 24÷4=6, 24÷6=4

❷ 36 ÷ 4 = 9, 36 ÷ 6 = 6, 36 ÷ 9 = 4

❸ 18 ÷ 2 = 9, 18 ÷ 6 = 3, 18 ÷ 9 = 2

❹ 12 ÷ 2 = 6, 12 ÷ 3 = 4, 12 ÷ 4 = 3

❺ 16 ÷ 2 = 8, 16 ÷ 4 = 4, 16 ÷ 8 = 2

490 잎새 따기

월 일

◐ 계산 결과가 안의 수와 다른 것을 찾아 /로 잎새를 따시오.

예시: 24÷4 (6), 42÷7 (6), 30÷6 (5) /, 30÷5 (6) — 6

❶ 12÷6 (2), 18÷9 (2), 14÷2 (7) /, 4÷2 (2) — 2

❷ 56÷8, 42÷6, 56÷7, 49÷7 / — 7

❸ 36÷9, 28÷7, 20÷5, 24÷4 / — 4

❹ 40÷5, 21÷3 /, 72÷9, 64÷8 — 8

❺ 15÷5, 24÷8, 16÷8 /, 27÷9 — 3

◑ 계산 결과가 다른 하나를 찾아 /로 잎새를 따시오.

예시: 10÷5 (2), 8÷4 (2), 6÷3 (2), 15÷5 (3) /

❶ 25÷5 (5), 20÷4 (5), 30÷5 (6) /, 35÷7 (5)

❷ 32÷4 /, 27÷3, 81÷9, 63÷7

❸ 14÷2, 21÷7 /, 56÷8, 35÷5

❹ 30÷5, 54÷9, 48÷8, 16÷2 /

❺ 32÷4, 56÷7, 27÷3 /, 72÷9

491 다리 잇기

월 일

◐ 계산을 한 다음 알맞게 선으로 이으시오.

3	6	8
27÷9	12÷2	24÷3
8	3	6

❶

7	6	5
42÷6	36÷6	15÷3
7	5	6

❷

32÷8	9÷9	18÷2
1	9	4

❸

18÷9	72÷9	27÷9
2	8	3

❹

24÷4	28÷4	36÷4
7	6	9

❺

18÷6	25÷5	16÷4
4	3	5

◐ 계산 결과가 같은 것끼리 선으로 이으시오.

1	5	7
9÷9	35÷7	14÷2
49÷7	25÷5	7÷7
7	5	1

❶

3	8	6
12÷4	72÷9	30÷5
24÷3	42÷7	15÷5
8	6	3

❷

18÷6	14÷7	12÷2
30÷5	12÷4	6÷3

❸

56÷8	8÷8	45÷9
42÷6	15÷3	5÷5

❹

16÷4	24÷4	21÷7
24÷6	36÷6	15÷5

❺

54÷6	9÷3	28÷7
8÷2	27÷9	45÷5

492 상자셈

◐ ● 안의 수가 몫이 되는 나눗셈식을 두 개 찾아 색칠하시오.

4

8÷2	9÷3	24÷8
30÷5	72÷9	16÷4

❶ 7

16÷2	21÷3	24÷6
42÷7	40÷5	35÷5

❷ 6

28÷4	24÷6	12÷2
15÷3	36÷6	18÷2

❸ 3

16÷4	12÷3	27÷9
28÷7	9÷3	63÷7

❹ 5

40÷5	30÷6	42÷7
81÷9	12÷6	45÷9

❺ 8

16÷2	40÷8	49÷7
35÷7	64÷8	28÷7

월 일

◈ ● 안의 수가 몫이 되는 나눗셈식을 모두 찾아 색칠하시오.

2

32÷8	14÷7	12÷6
8÷4	6÷2	45÷9
20÷4	18÷9	9÷3

❶ 9

10÷2	14÷7	24÷6
18÷2	27÷3	81÷9
28÷4	63÷9	32÷8

❷ 7

18÷3	72÷8	56÷8
42÷7	14÷2	35÷5
32÷8	72÷8	63÷9

❸ 4

8÷4	16÷4	12÷6
36÷4	28÷7	54÷9
36÷9	20÷5	6÷3

❹ 4

21÷7	36÷9	20÷4
36÷6	20÷5	12÷3
14÷2	32÷8	8÷8

❺ 6

54÷9	12÷3	42÷7
48÷8	16÷2	40÷5
18÷3	54÷6	36÷4

잘 공부했는지 알아봅시다

월 일

1 나눗셈의 몫을 바르게 구한 것에 모두 ○표 하시오.

$4\overline{)32}$ = 80, $6\overline{)42}$ = 6, (○) $7\overline{)49}$ = 7, (○) $5\overline{)30}$ = 6

$4\overline{)32}$ = 8, $6\overline{)42}$ = 7

2 ○ 안에 >, =, <를 알맞게 써넣으시오.

❶ 24÷3 (=) 72÷9
8 8

❷ 30÷6 (>) 24÷6
5 4

❸ 36÷6 (>) 36÷9
6 4

❹ 56÷7 (<) 18÷2
8 9

3 빈칸에 알맞은 수를 써넣으시오.

❶ ÷2

12	16	8	10
6	8	4	5

❷ ÷7

35	42	63	56
5	6	9	8

493 카드셈

◐ 숫자 카드를 한 번씩 모두 사용하여 나눗셈식을 만드시오.

2 4 7 8 → 28 ÷ 4 = 7, 28 ÷ 7 = 4

❶ 1 2 3 4 → 12 ÷ 3 = 4, 12 ÷ 4 = 3

❷ 5 6 7 8 → 56 ÷ 7 = 8, 56 ÷ 8 = 7

❸ 3 4 6 9 → 36 ÷ 4 = 9, 36 ÷ 9 = 4

❹ 1 2 6 8 → 16 ÷ 2 = 8, 16 ÷ 8 = 2

월 일

◑ 숫자 카드를 한 번씩 모두 사용하여 나눗셈식을 두 개 만드시오.

4 5 6 9 → 54÷6=9, 54÷9=6

❶ 2 7 8 9 → 72÷8=9, 72÷9=8

❷ 1 3 6 8 → 18÷3=6, 18÷6=3

❸ 2 3 7 9 → 27÷3=9, 27÷9=3

❹ 1 2 8 9 → 18÷2=9, 18÷9=2

❺ 2 4 6 7 → 42÷6=7, 42÷7=6

양과녁셈

◐ 왼쪽 과녁판의 점수를 오른쪽 과녁판의 점수로 나눈 몫을 쓰시오.

(예시)

16	24		4	3
18	12		2	6

8
16÷2

❶

30	42		6	5
21	15		4	7

3
21÷7

❷

36	40		9	5
21	45		3	8

5

❸

42	81		7	3
72	27		9	8

6

❹

32	18		6	8
72	24		2	4

6

❺

49	21		3	7
42	32		4	6

8

◐ ▢ 안의 수에 맞게 화살이 꽂힐 자리 두 군데에 ×표 하시오.

(예시)

16	30		6	8
24	20		4	5

3
24÷8

❶

16	45		7	8
49	64		2	5

9
45÷5

❷

18	21		1	4
8	24		3	2

7
21÷3

❸

12	21		2	3
35	28		4	5

6
12÷2

❹

27	54		3	4
36	35		9	7

5
35÷7

❺

20	45		2	7
40	49		5	4

8
40÷5

495 도형 연결

◐ 큰 수를 작은 수로 나눈 몫이 ● 안의 수가 되도록 선으로 이으시오.

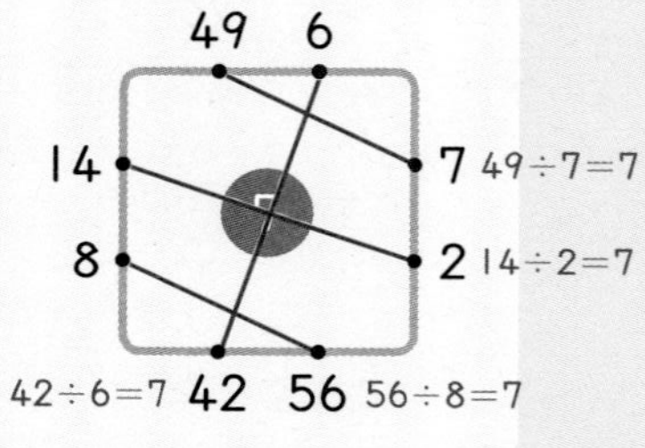

❶
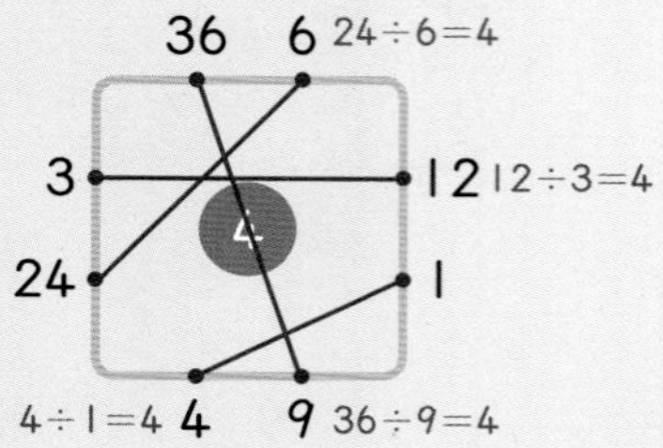

❷
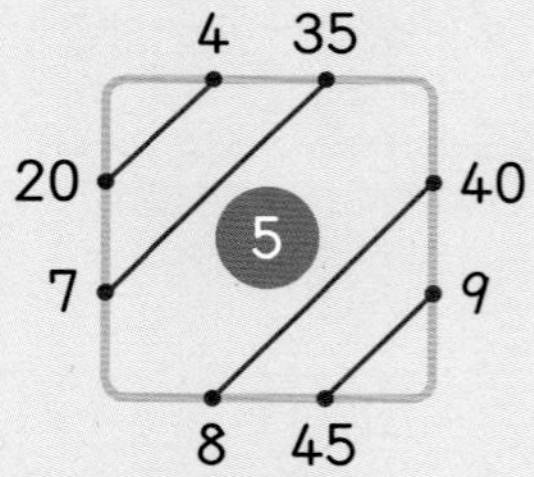

❸
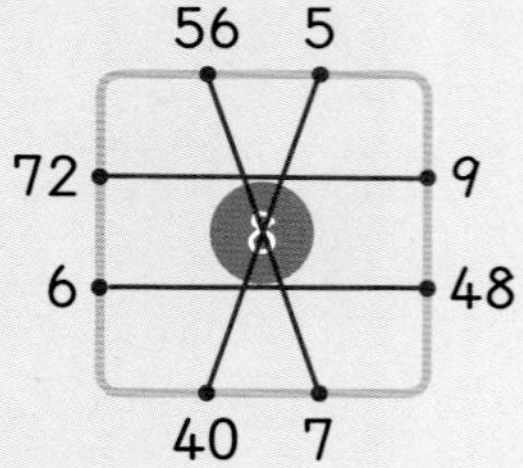

❹
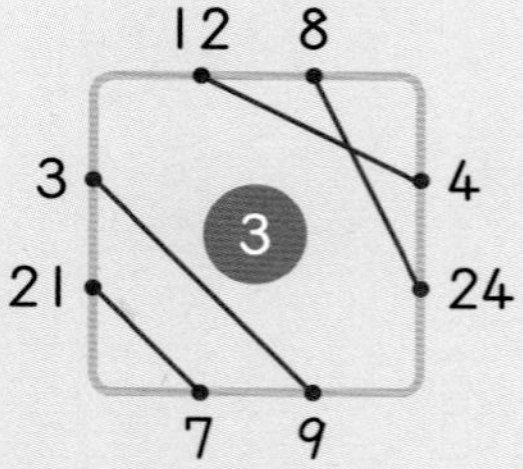

❺
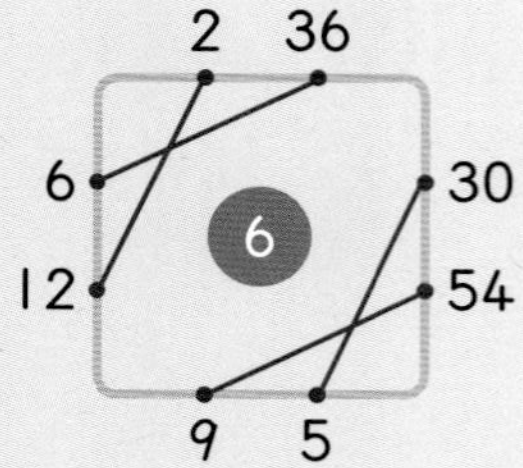

◐ 큰 수를 작은 수로 나눈 몫이 모두 같도록 선으로 잇고, 몫을 ◯ 안에 써넣으시오.

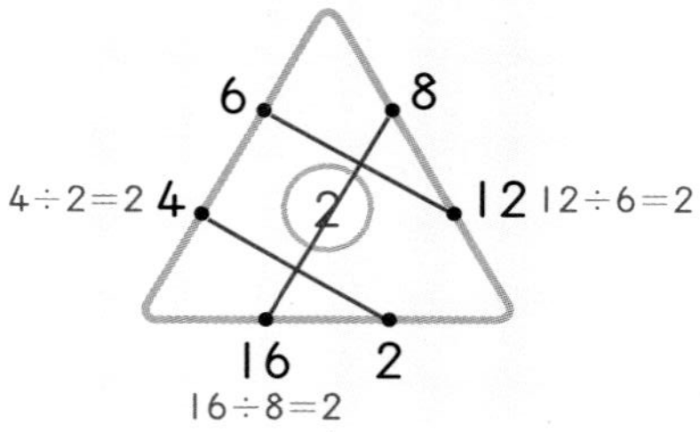

❶
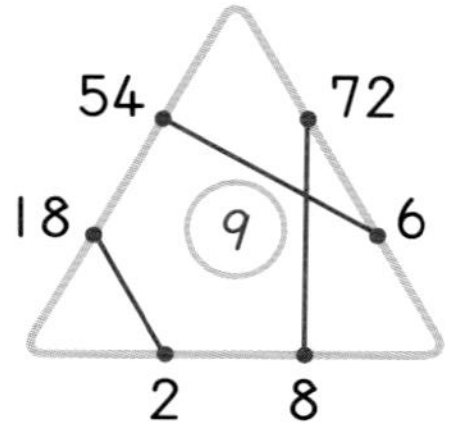

❷
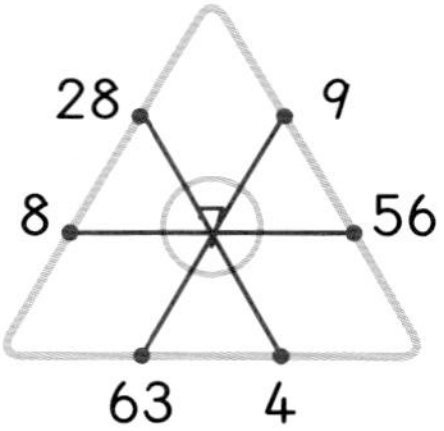

❸
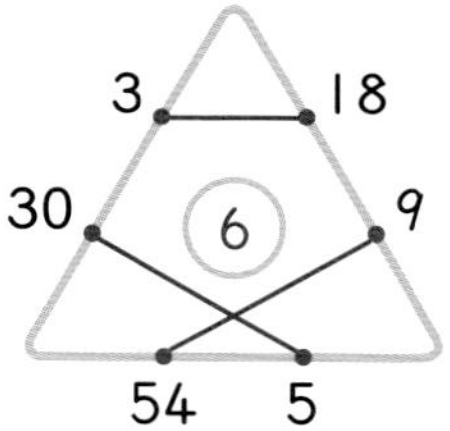

❹
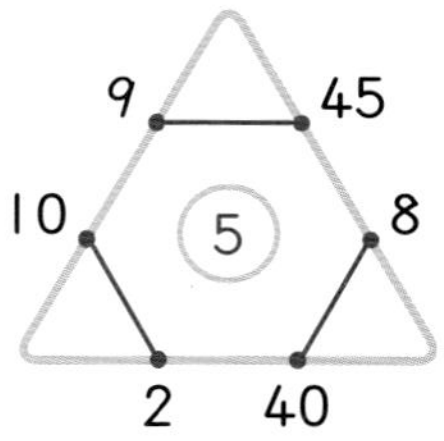

❺
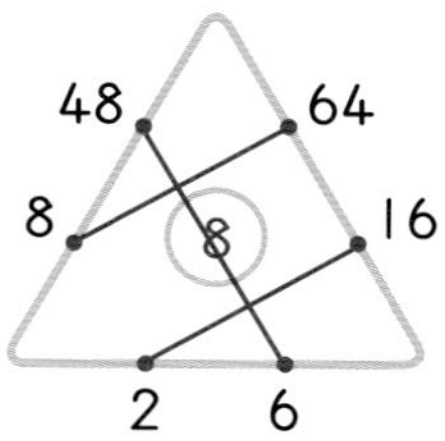

496 계산기

◐ 액정의 계산 결과에 맞게 버튼을 누른 순서대로 쓰시오.

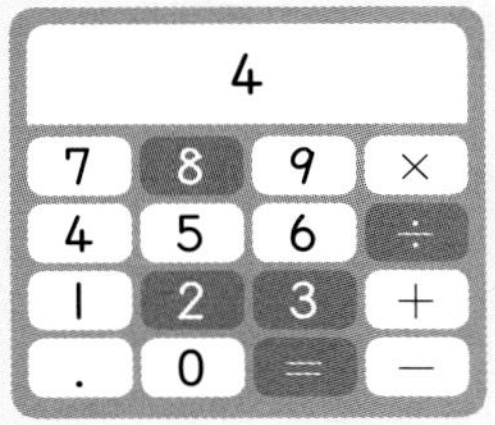

3 2 ÷ 8 =

❶

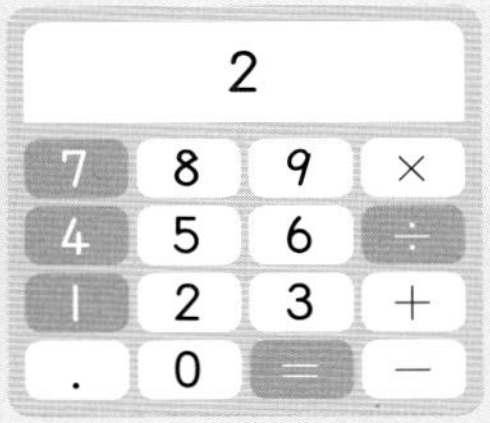

1 4 ÷ 7 =

❷

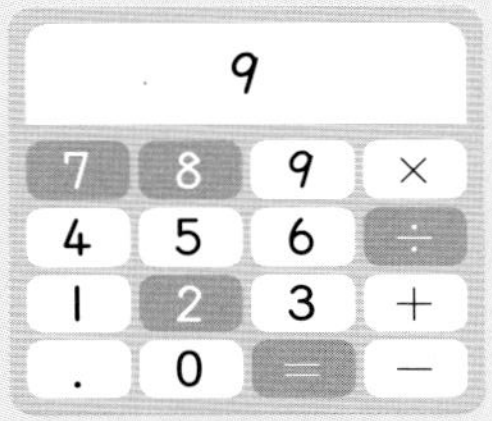

7 2 ÷ 8 =

❸

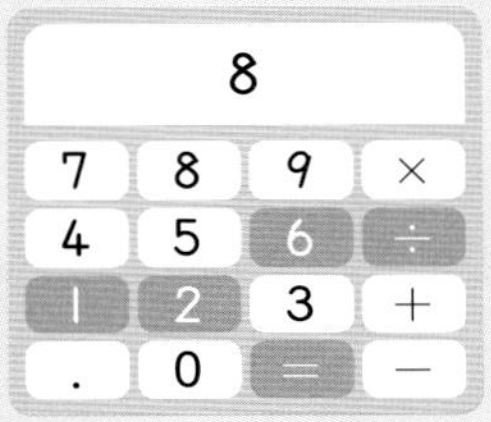

1 6 ÷ 2 =

❹

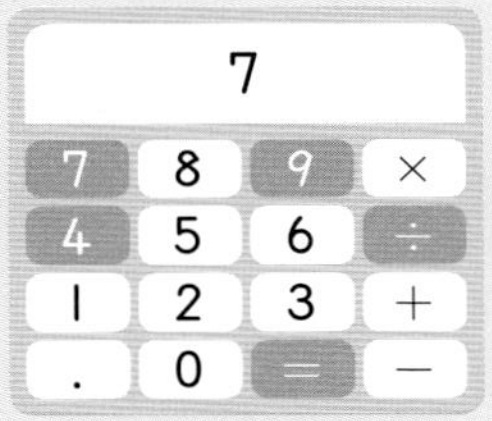

4 9 ÷ 7 =

❺

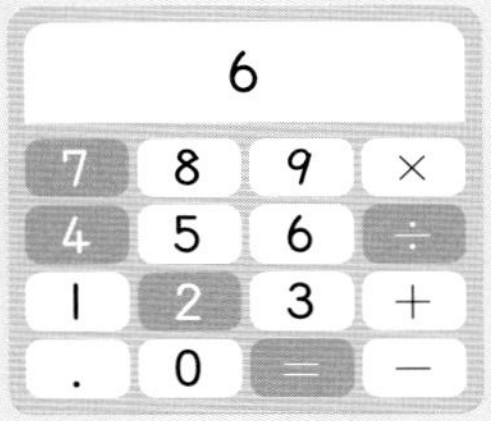

4 2 ÷ 7 =

◐ 눌러진 버튼으로 만들 수 있는 두 가지 나눗셈식과 몫을 쓰시오.

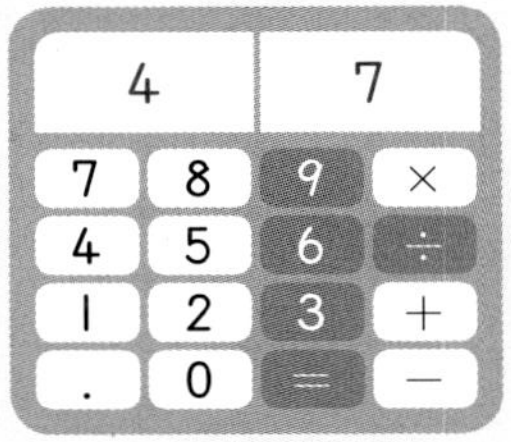

36÷9=4

63÷9=7

❶

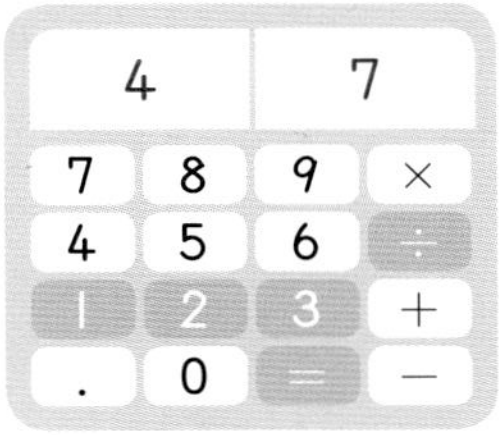

12÷3=4

21÷3=7

❷

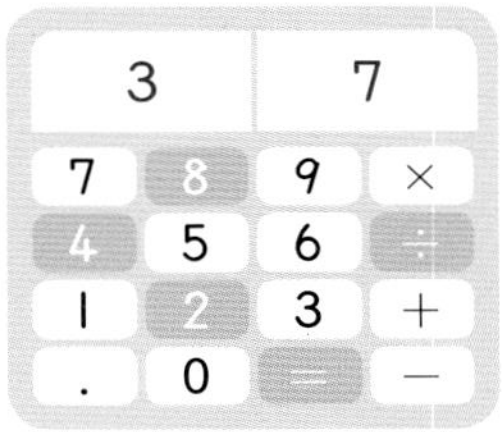

24÷8=3

28÷4=7

❸

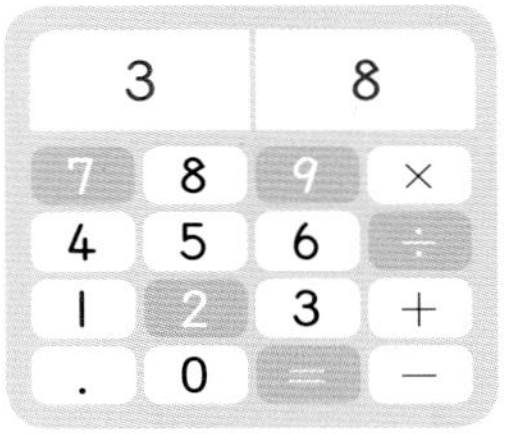

27÷9=3

72÷9=8

잘 공부했는지 알아봅시다

월 일

1 다음 숫자 카드를 한 번씩 모두 사용하여 나눗셈식 두 개를 만드시오.

3 6 7 9 → 63 ÷ 7 = 9
63 ÷ 9 = 7

2 몫이 가장 큰 것에 ○표 하시오.

14÷2 (○)	18÷3	24÷6
7	6	4

3 몫이 4인 나눗셈식에 ○표, 몫이 6인 나눗셈식에 △표 하시오.

8÷2 (○) 4	30÷6 5	28÷4 7	36÷6 (△) 6
27÷3 9	9÷3 3	14÷7 2	81÷9 9
54÷9 (△) 6	12÷6 2	32÷8 (○) 4	72÷8 9

497 선 잇기

◐ □ 안에 들어갈 수가 같은 것끼리 선으로 이으시오.

9×6=54 · 8×5=40 · 6×7=42

5 · 6 · 7

35÷7=5 · 48÷6=8 · 30÷5=6

❶

9×□=27 · 7×□=28 · 8×□=64

4 · 8 · 3

36÷□=9 · 24÷□=8 · 48÷□=6

❷

7×□=63 · 9×□=18 · 7×□=35

2 · 9 · 5

45÷□=5 · 40÷□=8 · 18÷□=9

◑ □ 안에 들어갈 수가 같은 것끼리 선으로 이으시오.

28÷4=7 · 45÷5=9 · 42÷7=6

8×5=40 · 7×7=49 · 8×4=32

❶

27÷□=9 · 56÷□=7 · 48÷□=8

8×□=24 · 7×□=42 · 9×□=72

❷

72÷□=8 · 40÷□=8 · 18÷□=9

6×□=30 · 4×□=36 · 8×□=16

498 원판셈

● 빈칸에 알맞은 수를 써넣으시오.

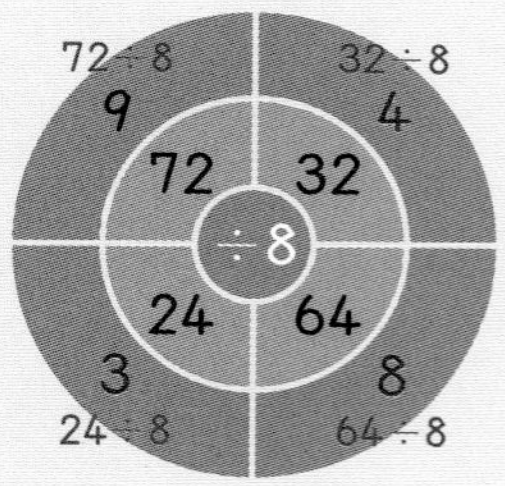

❶

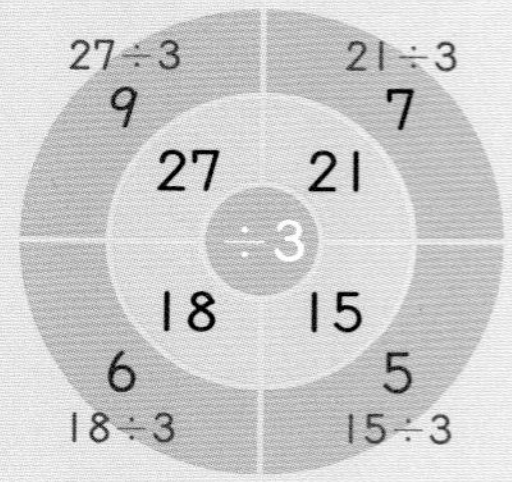

❷

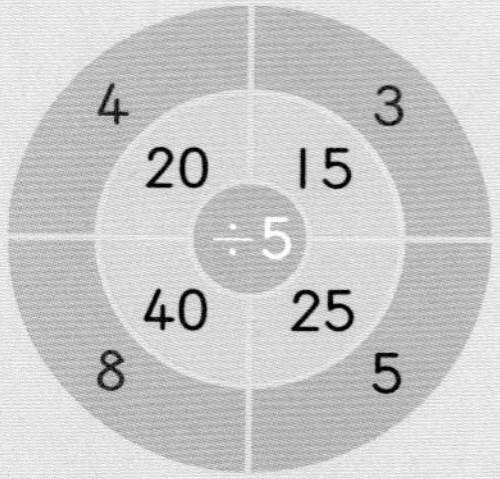

❸

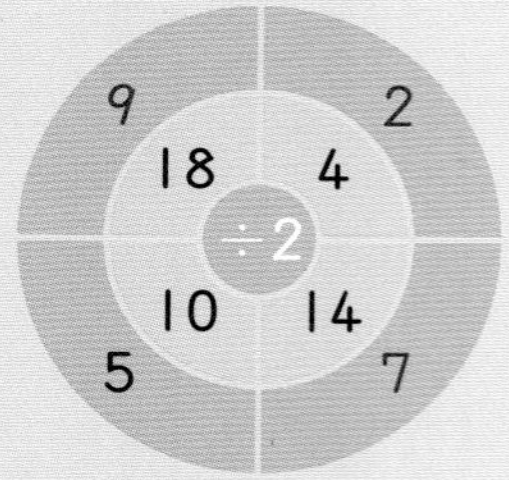

❹

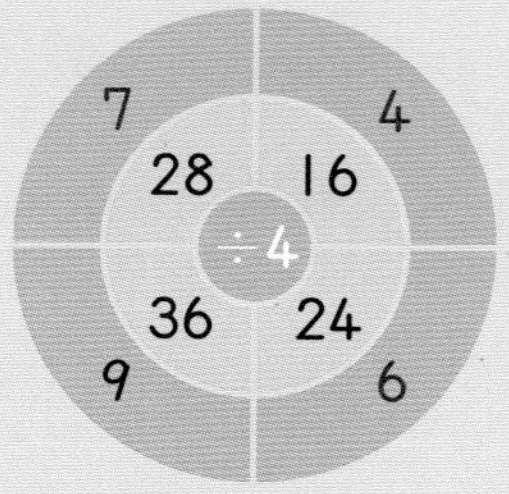

❺

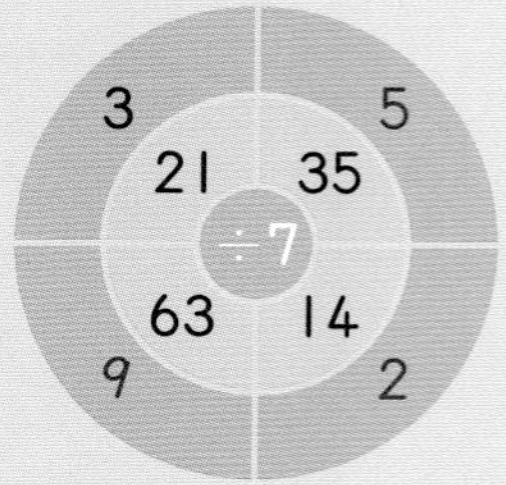

월 일

● 빈칸에 알맞은 수를 써넣으시오.

나누는 수를 먼저 구합니다.

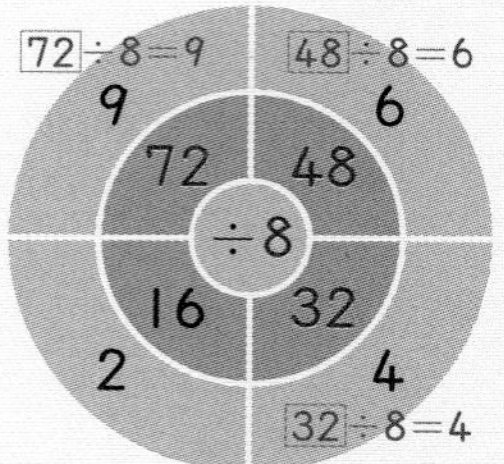

16÷○=2에서 ○ 안의 수 8을 구합니다.

❶

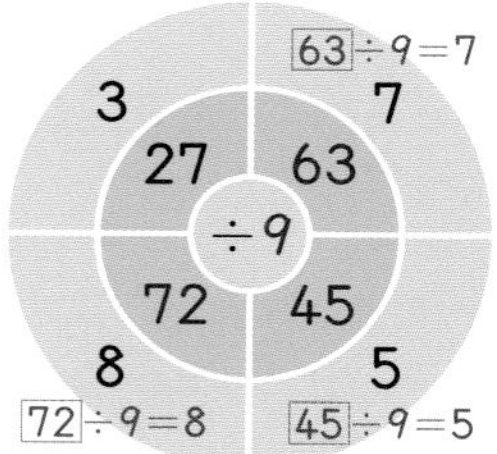

27÷○=3에서 ○ 안의 수 9를 구합니다.

❷

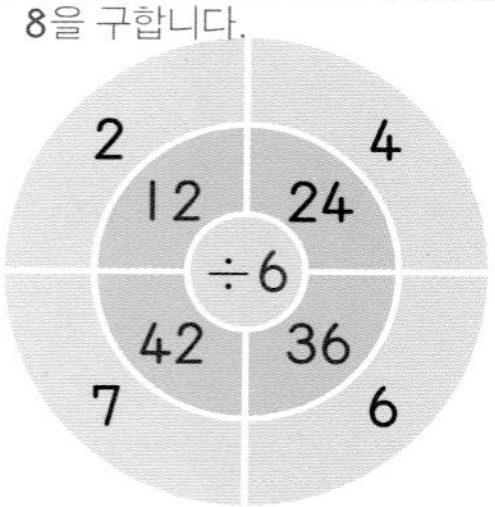

❸

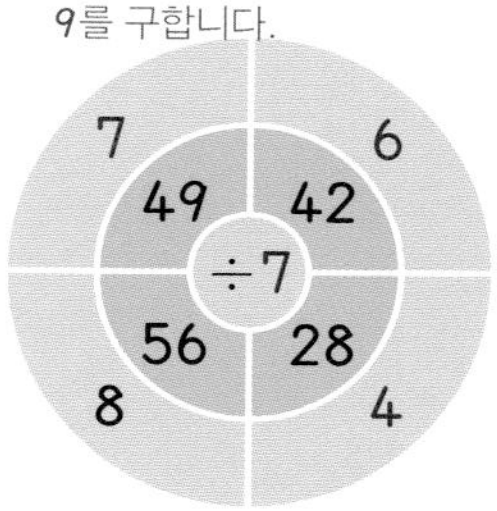

❹

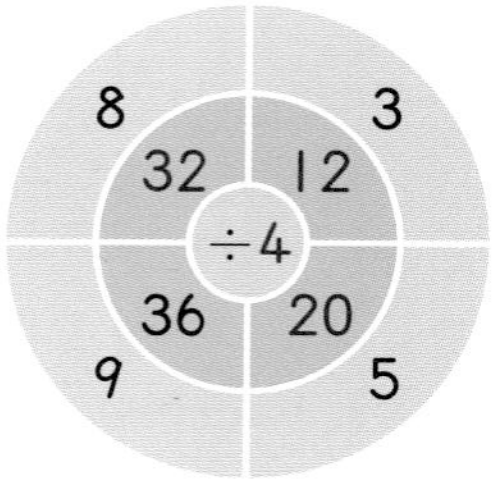

❺

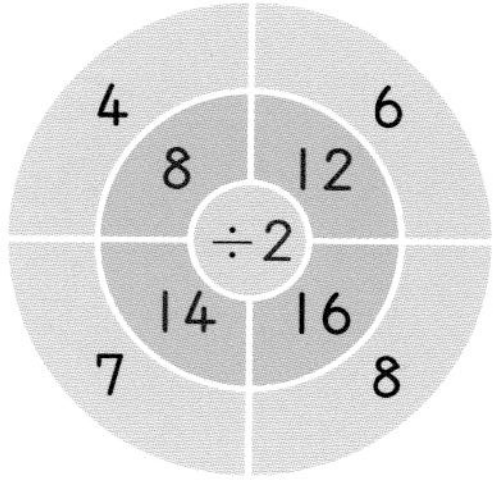

499 나눗셈의 □

◐ 나눗셈을 하여 □ 안에 알맞은 수를 써넣으시오.

(예) $64 \div 8 = \boxed{8}$, $16 \div 2 = \boxed{8}$

❶ $36 \div 6 = \boxed{6}$, $18 \div 3 = \boxed{6}$

❷ $24 \div 3 = \boxed{8}$, $48 \div 6 = \boxed{8}$

❸ $40 \div 8 = \boxed{5}$, $35 \div 7 = \boxed{5}$

❹ $42 \div 6 = \boxed{7}$, $63 \div 9 = \boxed{7}$

❺ $18 \div 2 = \boxed{9}$, $81 \div 9 = \boxed{9}$

❻ $21 \div 7 = \boxed{3}$, $12 \div 4 = \boxed{3}$

❼ $32 \div 8 = \boxed{4}$, $16 \div 4 = \boxed{4}$

❽ $20 \div 4 = \boxed{5}$, $45 \div 9 = \boxed{5}$

❾ $63 \div 9 = \boxed{7}$, $28 \div 4 = \boxed{7}$

❿ $56 \div 7 = \boxed{8}$, $72 \div 9 = \boxed{8}$

⓫ $48 \div 8 = \boxed{6}$, $12 \div 2 = \boxed{6}$

⓬ $24 \div 6 = \boxed{4}$, $36 \div 9 = \boxed{4}$

⓭ $28 \div 7 = \boxed{4}$, $20 \div 5 = \boxed{4}$

⓮ $45 \div 9 = \boxed{5}$, $35 \div 7 = \boxed{5}$

◐ □ 안에 알맞은 수를 써넣으시오.

(예) $18 \div 2 = \boxed{27} \div 3$
$9 = \boxed{27} \div 3$

❶ $\boxed{32} \div 8 = 20 \div 5$
$\boxed{32} \div 8 = 4$

❷ $42 \div 7 = \boxed{30} \div 5$

❸ $\boxed{24} \div 3 = 72 \div 9$

❹ $16 \div 8 = \boxed{12} \div 6$

❺ $\boxed{54} \div 6 = 36 \div 4$

❻ $27 \div 9 = \boxed{21} \div 7$

❼ $\boxed{45} \div 5 = 72 \div 8$

❽ $32 \div 4 = \boxed{24} \div 3$

❾ $\boxed{49} \div 7 = 63 \div 9$

❿ $48 \div 8 = \boxed{54} \div 9$

⓫ $\boxed{45} \div 9 = 25 \div 5$

⓬ $54 \div 9 = \boxed{48} \div 8$

⓭ $\boxed{24} \div 4 = 36 \div 6$

⓮ $81 \div 9 = \boxed{18} \div 2$

⓯ $\boxed{12} \div 2 = 42 \div 7$

500 하우스

◐ 나눗셈을 하여 빈칸에 알맞은 수를 써넣으시오.

(예) ÷ 3

15	5	15÷3
24	8	24÷3
27	9	27÷3

❶ ÷ 9

45	5	45÷9
81	9	81÷9
63	7	63÷9

❷ ÷ 7

49	7	49÷7
35	5	35÷7
63	9	63÷7

❸ ÷ 2

12	6
18	9
14	7

❹ ÷ 5

25	5
40	8
30	6

❺ ÷ 4

24	6
36	9
12	3

❻ ÷ 8

24	3
48	6
64	8

❼ ÷ 6

42	7
30	5
18	3

❽ ÷ 3

12	4
9	3
18	6

월 일

◈ 빈칸에 알맞은 수를 써넣으시오.

먼저 ○ 안의 수를 구합니다.

(예) ÷ 2

	16	8	16÷2
	10	5	
8÷2=4	8	4	

10÷○=5이므로 ○ 안의 수는 2입니다.

❶ ÷ 4

16	4	
32	8	32÷4
28	7	28÷4

16÷○=4이므로 ○ 안의 수는 4입니다.

❷ ÷ 7

14	2	14÷7
49	7	
56	8	56÷7

49÷○=7이므로 ○ 안의 수는 7입니다.

❸ ÷ 6

54	9
48	8
12	2

❹ ÷ 8

32	4
40	5
24	3

❺ ÷ 5

20	4
45	9
15	3

❻ ÷ 9

72	8
54	6
27	3

❼ ÷ 3

24	8
15	5
21	7

❽ ÷ 2

14	7
6	3
18	9

잘 공부했는지 알아봅시다

월 일

1 관계 있는 것끼리 선으로 이으시오.

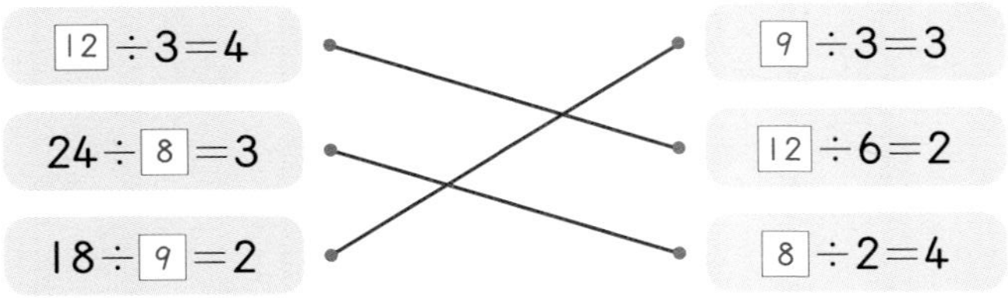

2 빈칸에 알맞은 수를 써넣으시오.

❶

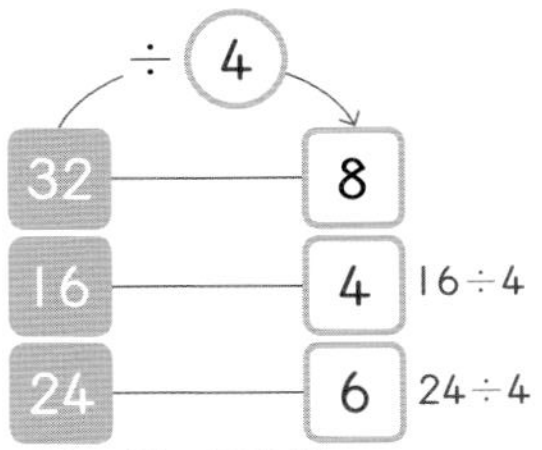

32÷○=8이므로
○ 안의 수는 4입니다.

❷

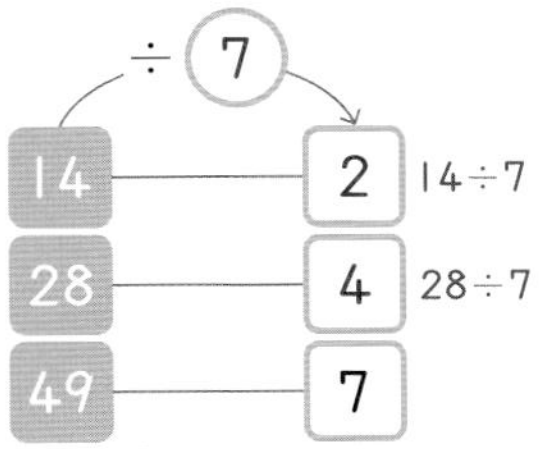

49÷○=7이므로
○ 안의 수는 7입니다.

3 □ 안에 알맞은 수를 써넣으시오.

❶ $32 \div \boxed{4} = 48 \div 6$ (8)

❷ $54 \div 9 = 18 \div \boxed{3}$ (6)

❸ $\boxed{35} \div 5 = 14 \div 2$ (7)

❹ $72 \div 8 = 36 \div \boxed{4}$ (9)

501 바람개비 연산

◐ 나눗셈의 몫을 화살표 방향에 따라 쓰고, 빈칸에 알맞은 수를 써넣으시오.

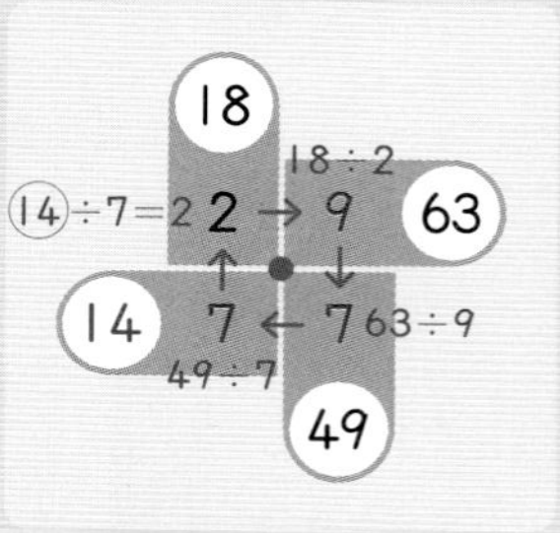

❶
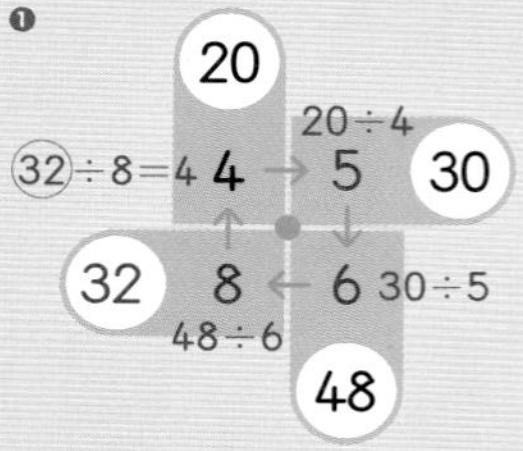

❷
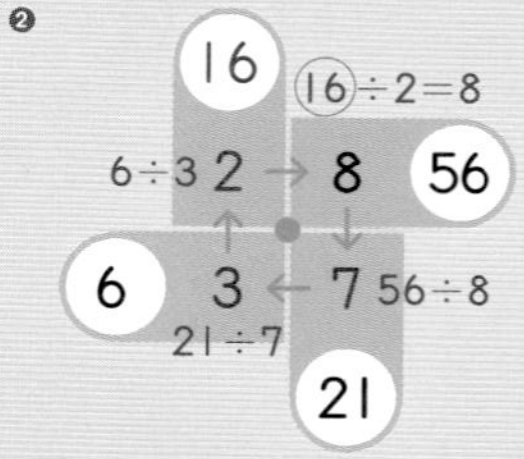

❸
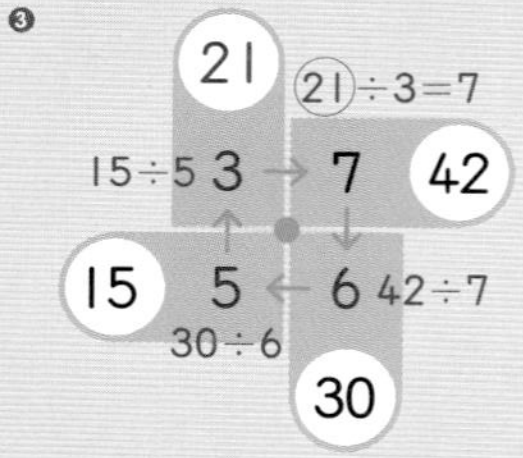

❹
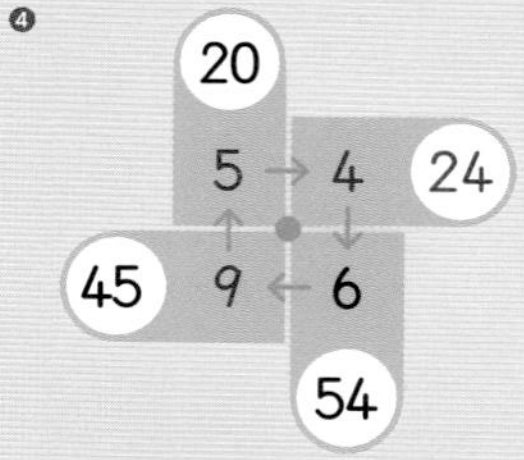

❺
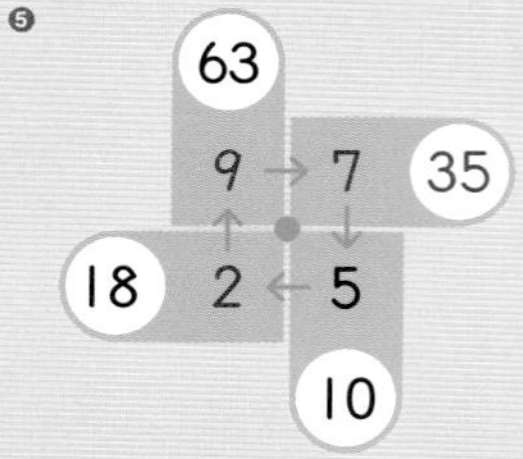

월 일

◐ 나눗셈의 몫을 화살표 방향에 따라 빈칸에 써넣으시오.

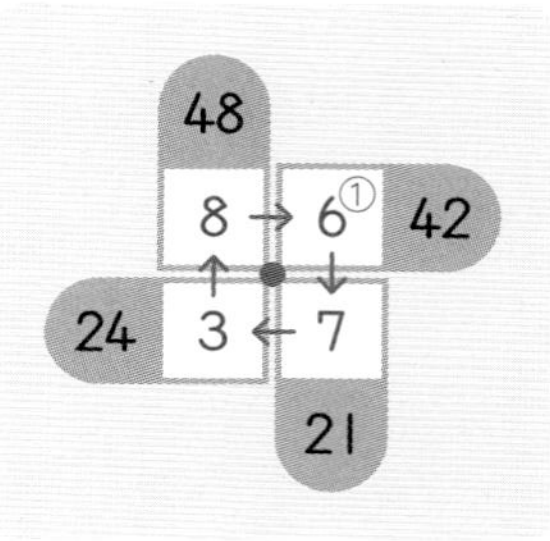

48÷8=6
48÷6=8
42÷6=7
42÷7=6
입니다.
따라서 ①에는 48과 42를 모두 나눌 수 있는 6이 들어갑니다.

❶
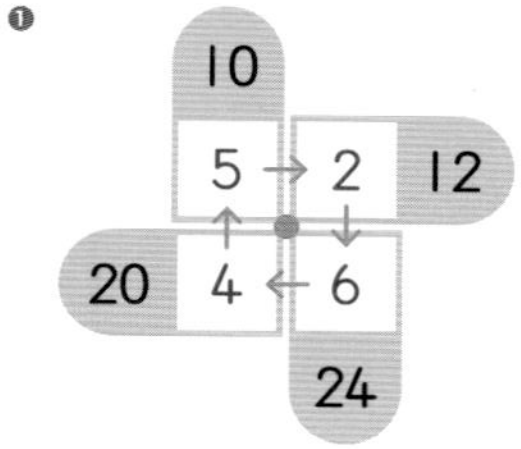

❷
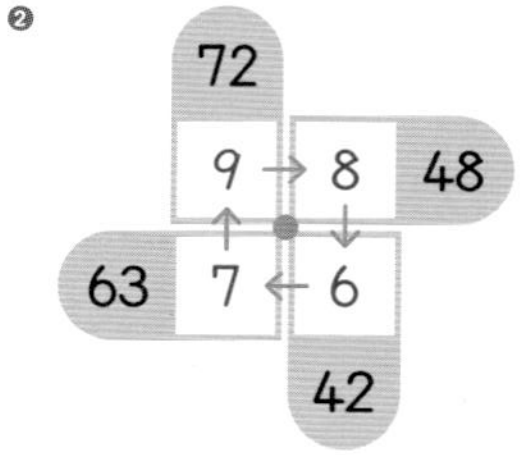

❸
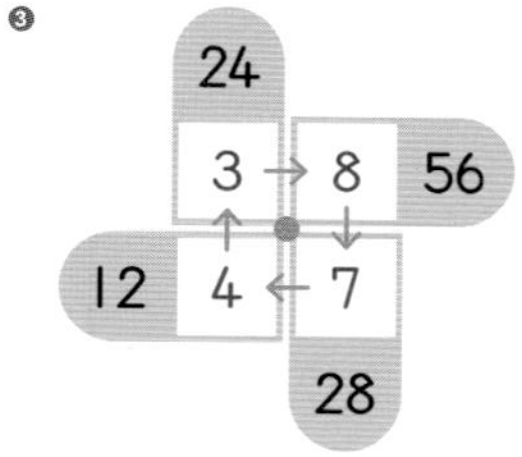

❹
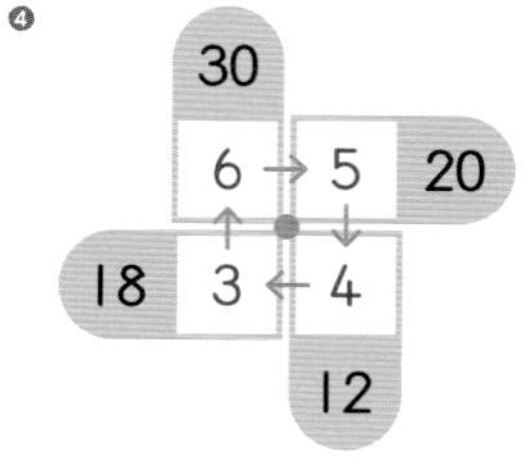

❺
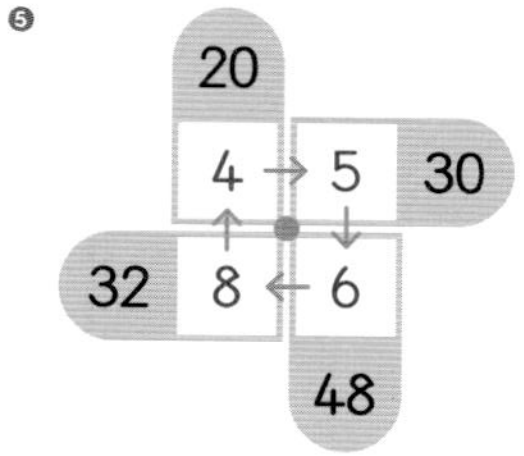

502 숫자 카드 목표셈

◐ 숫자 카드를 사용하여 나눗셈식을 완성하시오.

(예시) 1 8 9
18 ÷ 9 = 2
81 ÷ 9 = 9

❶ 1 2 4
12 ÷ 4 = 3
14 ÷ 2 = 7

❷ 2 4 6
24 ÷ 6 = 4
42 ÷ 6 = 7

❸ 2 7 8
28 ÷ 7 = 4
72 ÷ 8 = 9

❹ 4 5 9
45 ÷ 9 = 5
54 ÷ 9 = 6

❺ 1 6 8
16 ÷ 8 = 2
18 ÷ 6 = 3

월 일

◈ 숫자 카드 중 세 장을 사용하여 계산 결과에 맞는 나눗셈식을 만드시오.

(예시) 1 2 4 6
12 ÷ 6 = 2
12 ÷ 4 = 3
16 ÷ 2 = 8

❶ 2 3 4 6
24 ÷ 6 = 4
42 ÷ 6 = 7
36 ÷ 4 = 9

❷ 2 4 7 8
24 ÷ 8 = 3
28 ÷ 7 = 4
42 ÷ 7 = 6

❸ 2 4 7 9
42 ÷ 7 = 6
49 ÷ 7 = 7
72 ÷ 9 = 8

❹ 2 7 8 9
27 ÷ 9 = 3
28 ÷ 7 = 4
72 ÷ 8 = 9

❺ 1 2 3 7
21 ÷ 7 = 3
12 ÷ 3 = 4
27 ÷ 3 = 9

503 사탕셈

◐ 위에서 아래로, 왼쪽에서 오른쪽으로 나눗셈을 하시오.

		18	
	9	9	1
6	3	2	
	3		

9÷9, 6÷3, 18÷9, 9÷3

❶

		27	
	24	3	8
36	4	9	
	6		

24÷3, 36÷4, 27÷3, 24÷4

❷

		48	
	16	8	2
24	4	6	
	4		

❸

		63	
	18	9	2
21	3	7	
	6		

❹

		20	
	12	4	3
10	2	5	
	6		

❺

		48	
	36	6	6
32	4	8	
	9		

◐ 빈칸에 알맞은 수를 써넣으시오.

푸는 순서를 찾는 것이 중요합니다.

		①40	
	8	8	④1
20	②4	5	
	③2		

① 40÷8=5
② 20÷4=5
③ 8÷4=2
④ 8÷8=1

❶

		45	
	②36	①9	4
④30	③6	5	
	6		

① 45÷9=5
② 36÷9=4
③ 36÷6=6
④ 30÷6=5

❷

		27	
	12	3	4
54	6	9	
	2		

❸

		42	
	18	6	3
14	2	7	
	9		

❹

		28	
	16	4	4
14	2	7	
	8		

❺

		56	
	24	8	3
42	6	7	
	4		

504 사다리 타기

◐ 사다리 타기를 하여 빈칸에 알맞은 수를 써넣으시오.

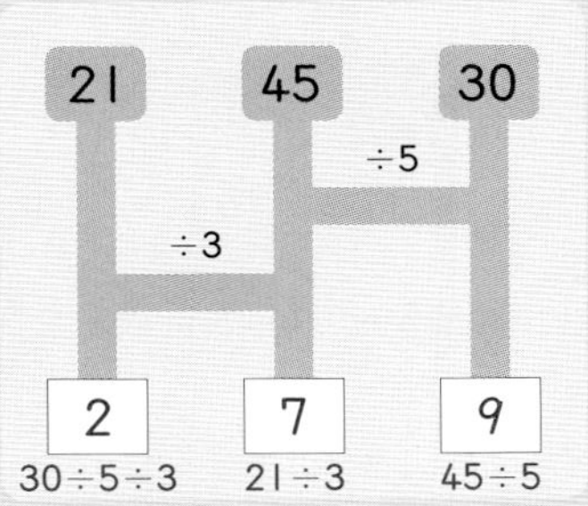

❶
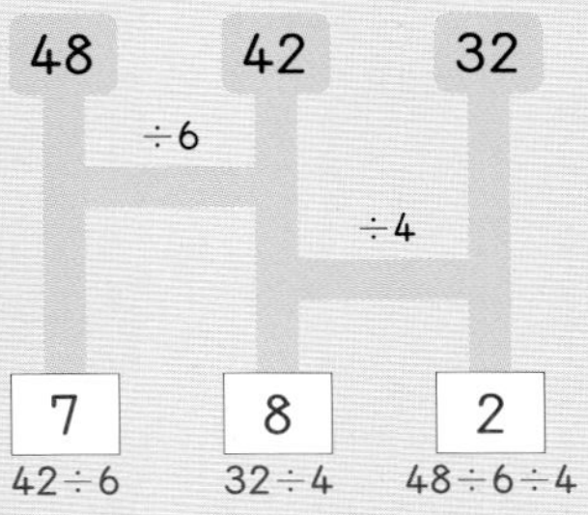

❷
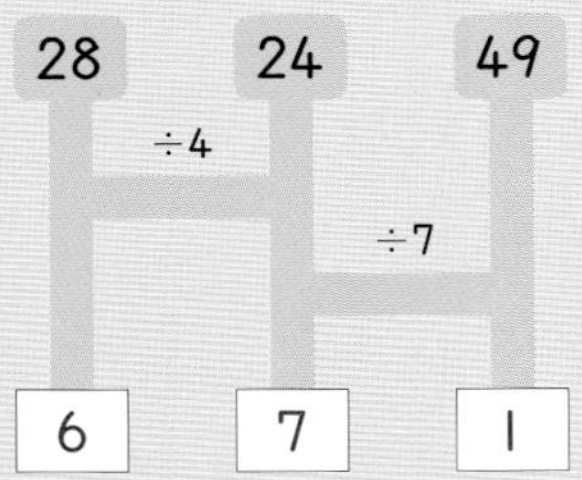

❸
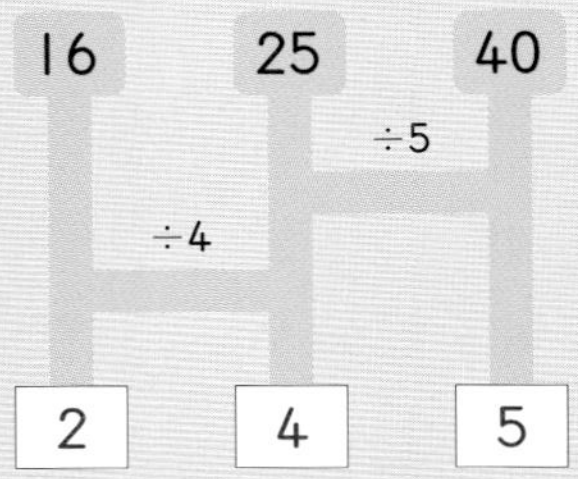

❹
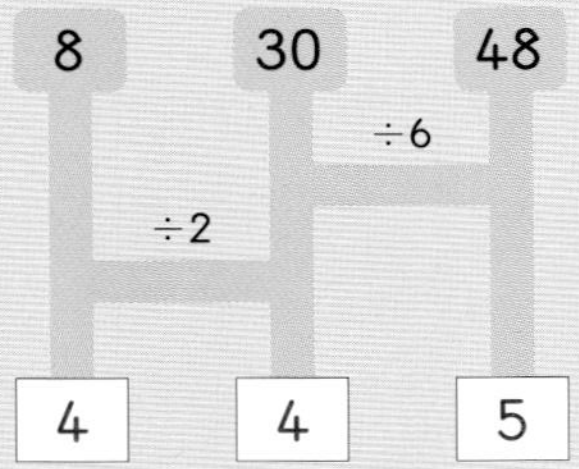

❺
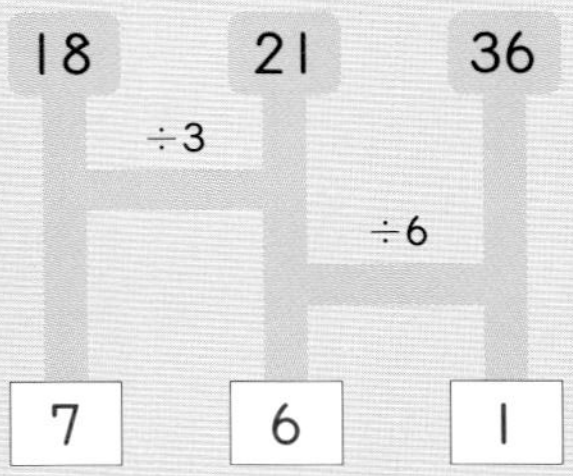

◐ 빈칸에 알맞은 수를 써넣으시오.

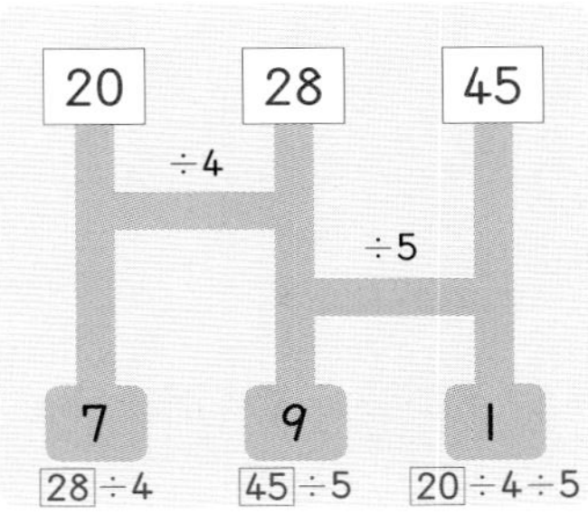

❶
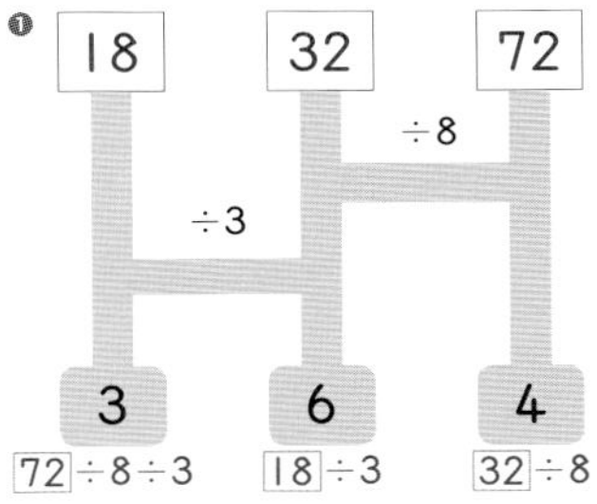

❷
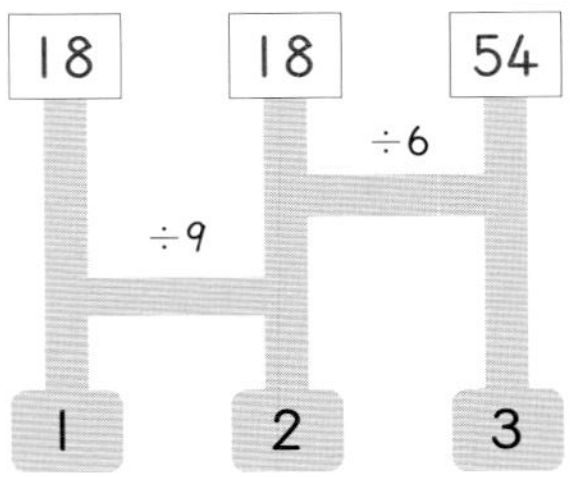

❸
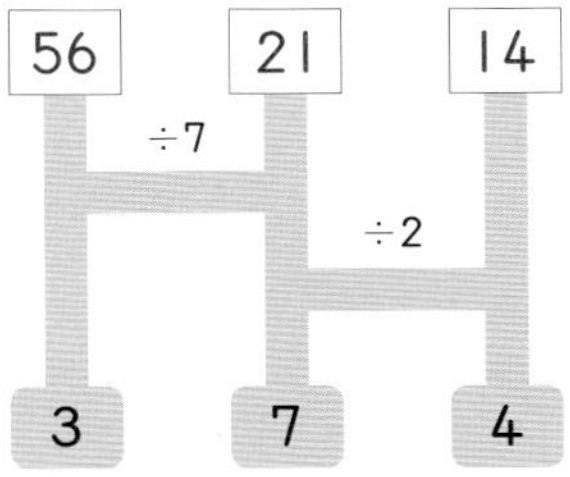

❹
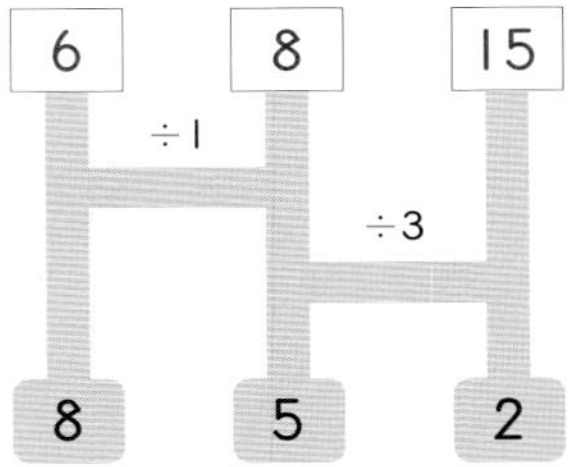

❺
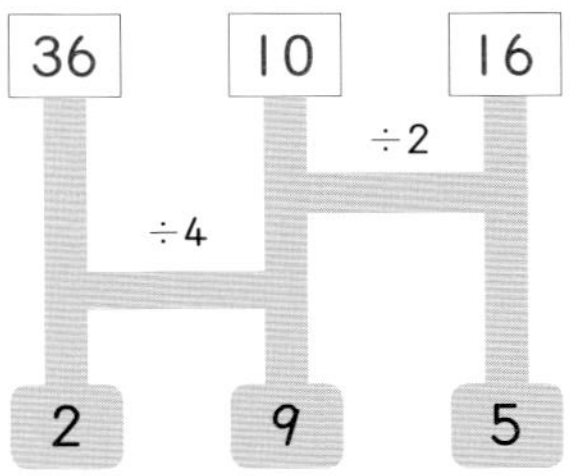

잘 공부했는지 알아봅시다

월 일

1 숫자 카드 중 세 장을 사용하여 계산 결과에 맞는 나눗셈식을 만드시오.

❶ 4 6 1 3

1 6 ÷ 4 = 4

❷ 1 7 4 2

1 4 ÷ 2 = 7

2 빈칸에 알맞은 수를 써넣으시오.

❶
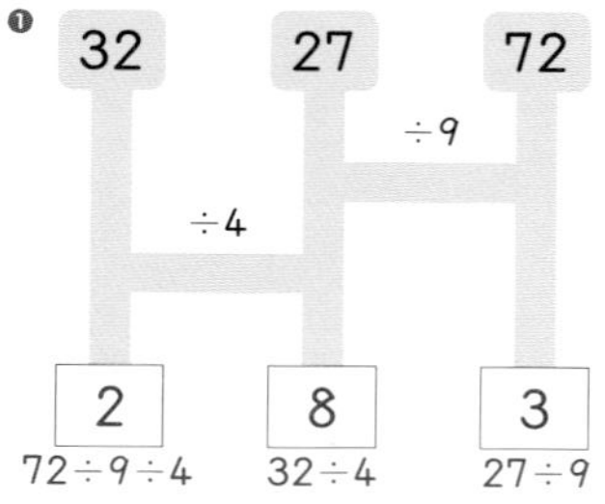

❷
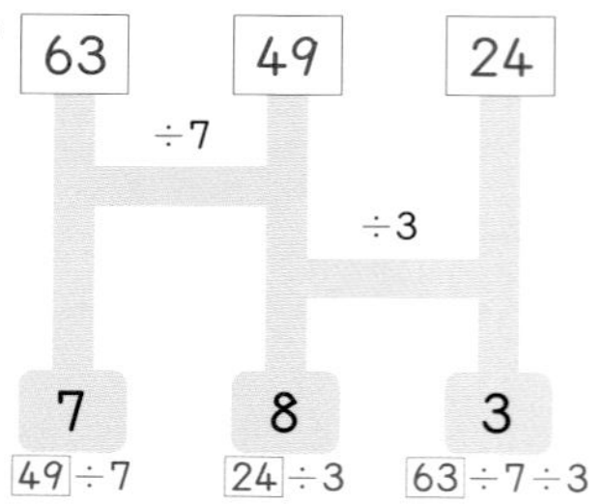

3 나눗셈의 몫을 화살표 방향에 따라 쓴 것입니다. 빈칸에 알맞은 수를 써넣으시오.

❶
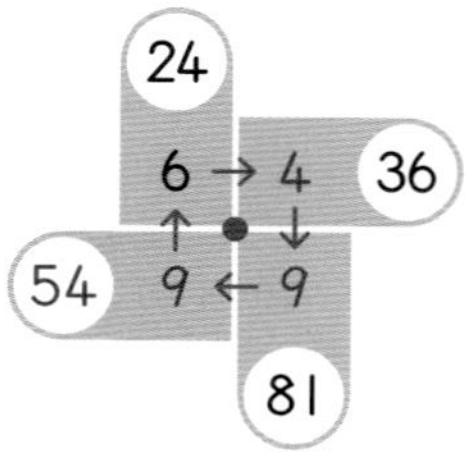

❷
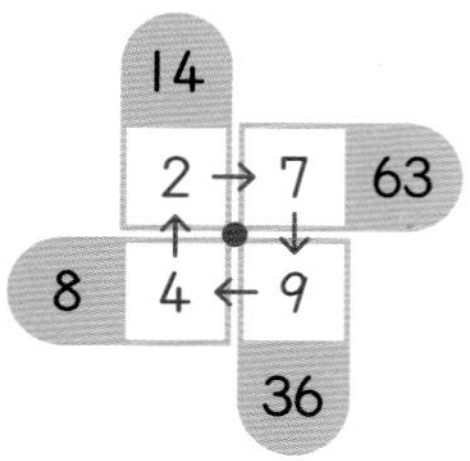

505 몫과 곱

◐ 몫과 곱을 빈칸에 써넣으시오.

(예) 36 ÷ 4 = 9, 4 × 8 = 32

❶ 27 ÷ 9 = 3, 9 × 6 = 54

❷ 32 ÷ 8 = 4, 8 × 6 = 48

❸ 18 ÷ 6 = 3, 6 × 7 = 42

❹ 27 ÷ 3 = 9, 3 × 8 = 24

❺ 35 ÷ 5 = 7, 5 × 6 = 30

❻ 56 ÷ 7 = 8, 7 × 9 = 63

❼ 81 ÷ 9 = 9, 9 × 5 = 45

❽ 16 ÷ 2 = 8, 2 × 7 = 14

월 일

◑ 몫과 곱에 맞게 빈칸에 알맞은 수를 써넣으시오.

(예) 40 ÷ ①5 = ②8, 5 × 7 = 35
① ⑤×7=35
② 40÷5=⑧

❶ 24 ÷ ①8 = ②3, 8 × 4 = 32
① ⑧×4=32
② 24÷8=③

❷ 42 ÷ ①6 = ②7, 6 × 5 = 30
① ⑥×5=30
② 42÷6=⑦

❸ 36 ÷ 9 = 4, 9 × 9 = 81

❹ 54 ÷ 9 = 6, 9 × 7 = 63

❺ 56 ÷ 7 = 8, 7 × 2 = 14

❻ 24 ÷ 4 = 6, 4 × 7 = 28

❼ 32 ÷ 8 = 4, 8 × 7 = 56

❽ 36 ÷ 6 = 6, 6 × 4 = 24

506 계단셈

◐ 빈칸에 알맞은 수를 써넣으시오.

(예) $10 \xrightarrow{\div 2} 5 \xrightarrow{\times 7} 35$

❶ $27 \xrightarrow{\div 3} 9 \xrightarrow{\times 4} 36$

❷ $45 \xrightarrow{\div 9} 5 \xrightarrow{\times 5} 25$

❸ $56 \xrightarrow{\div 8} 7 \xrightarrow{\times 2} 14$

❹ $64 \xrightarrow{\div 8} 8 \xrightarrow{\times 4} 32$

❺ $49 \xrightarrow{\div 7} 7 \xrightarrow{\times 6} 42$

월 일

◐ 빈칸에 알맞은 수를 써넣으시오.

(예) ② 35 ÷ 5 = 7 ① 7 × 3 = 21

$35 \xrightarrow{\div 5} 7 \xrightarrow{\times 3} 21$

❶ ② 18 ÷ 3 = 6 ① 6 × 4 = 24

$18 \xrightarrow{\div 3} 6 \xrightarrow{\times 4} 24$

❷ $30 \xrightarrow{\div 6} 5 \xrightarrow{\times 5} 25$

❸ $24 \xrightarrow{\div 4} 6 \xrightarrow{\times 3} 18$

❹ $56 \xrightarrow{\div 7} 8 \xrightarrow{\times 8} 64$

❺ $14 \xrightarrow{\div 2} 7 \xrightarrow{\times 9} 63$

507 창문셈

◐ 빈칸에 알맞은 수를 써넣으시오.

48	÷	6	=	①8
−				+
41				41
=				=
②7	×	④7	=	③49

① 48÷6=8
② 48−41=7
③ 8+41=49
④ 7×7=49

❶

7	×	3	=	①21
+				−
49				14
=				=
②56	÷	④8	=	③7

① 7×3=21
② 7+49=56
③ 21−14=7
④ 56÷8=7

❷

16	÷	2	=	8
−				+
12				16
=				=
4	×	6	=	24

❸

8	×	4	=	32
+				−
46				26
=				=
54	÷	9	=	6

❹

32	÷	4	=	8
−				+
28				4
=				=
4	×	3	=	12

❺

6	×	5	=	30
+				−
21				21
=				=
27	÷	3	=	9

월 일

◐ 빈칸에 알맞은 수 또는 ×, ÷를 써넣으시오.

35	÷	④7	=	③5
−				+
29				31
=				=
①6	×	②6	=	36

① 35−29=6
② 6×6=36
③ 5+31=36
④ 35÷7=5

❶

①2	×	9	=	②18
+				−
12				16
=				=
14	÷	④7	=	③2

① 2+12=14
② 2×9=18
③ 18−16=2
④ 14÷7=2

❷

4	×	7	=	28
+				−
16				24
=				=
20	÷	5	=	4

❸

9	×	7	=	63
+				−
54				54
=				=
63	÷	7	=	9

❹

81	÷	9	=	9
−				+
72				45
=				=
9	×	6	=	54

❺

36	÷	6	=	6
−				+
28				34
=				=
8	×	5	=	40

508 거꾸로셈

월 일

◐ 빈칸을 알맞게 채우시오.

- 예: 9 → ×7 → 63, 63 → ÷7 → 9
- ❶ 35 → ÷5 → 7, 7 → ×5 → 35
- ❷ 8 → ×6 → 48, 48 → ÷6 → 8
- ❸ 36 → ÷9 → 4, 4 → ×9 → 36
- ❹ 6 → ×7 → 42, 42 → ÷7 → 6
- ❺ 49 → ÷7 → 7, 7 → ×7 → 49
- ❻ 4 → ×8 → 32, 32 → ÷8 → 4
- ❼ 24 → ÷8 → 3, 3 → ×8 → 24
- ❽ 5 → ×6 → 30, 30 → ÷6 → 5

거꾸로 계산할 때 곱셈은 나눗셈으로, 나눗셈은 곱셈으로 바꾸어 계산합니다.

◑ 거꾸로 계산하여 빈칸에 알맞은 수를 써넣으시오.

- 예: 20 → ÷5 → 4 → ×7 → 28 (거꾸로: 28 → ÷7 → 4 → ×5 → 20)
- ❶ 3 → ×3 → 9 → ×6 → 54 (거꾸로: 54 → ÷6 → 9 → ÷3 → 3)
- ❷ 4 → ×9 → 36 → ÷6 → 6
- ❸ 48 → ÷6 → 8 → ÷4 → 2
- ❹ 42 → ÷6 → 7 → ×9 → 63
- ❺ 2 → ×4 → 8 → ×7 → 56
- ❻ 9 → ×2 → 18 → ÷6 → 3
- ❼ 72 → ÷8 → 9 → ÷3 → 3
- ❽ 27 → ÷3 → 9 → ×5 → 45
- ❾ 4 → ×2 → 8 → ×3 → 24

잘 공부했는지 알아봅시다

월 일

1 몫과 곱에 맞게 빈칸에 알맞은 수를 써넣으시오.

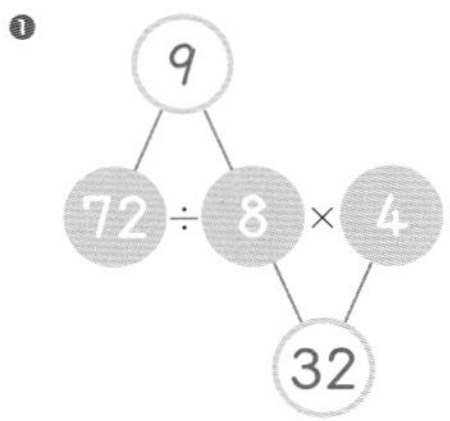

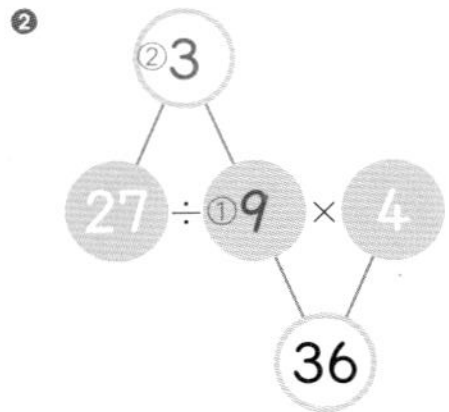

① ⑨×4=36
② 27÷9=③

2 두 수가 있습니다. 두 수의 곱은 18이고, 큰 수를 작은 수로 나누면 몫이 2입니다. 두 수를 구하시오. 3, 6

두 수의 곱이 18인 경우는 2×9와 3×6이 있습니다. 이 중 큰 수를 작은 수로 나누어 몫이 2인 경우는 3×6입니다.

3 □ 안에 알맞은 수를 써넣으시오.

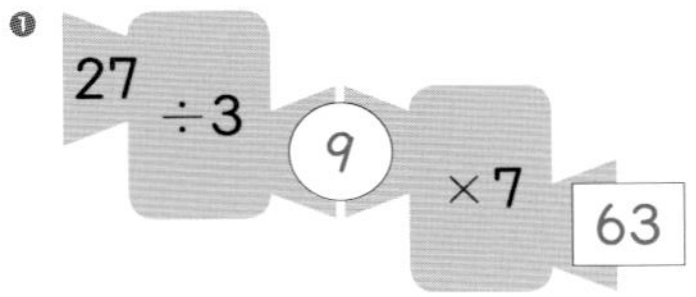

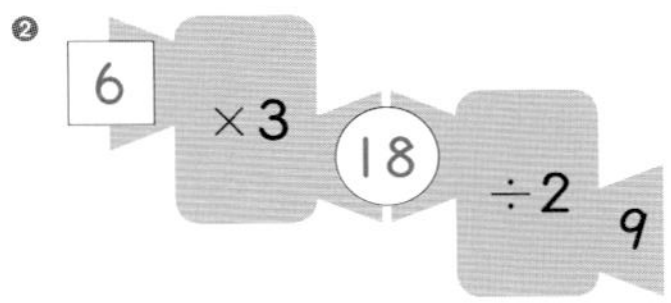

4 10보다 작은 서로 다른 두 홀수가 있습니다. 두 수의 곱을 큰 수로 나눈 몫과 큰 수를 작은 수로 나눈 몫이 같습니다. 두 수를 구하시오. 3, 9

서로 다른 두 수의 곱(■×▲)을 큰 수(■)로 나눈 몫은 작은 수(▲)와 같습니다. 큰 수(■)를 작은 수(▲)로 나눈 몫도 작은 수(▲)이므로 큰 수(■)는 작은 수(▲)를 두 번 곱한 것과 같습니다. 10보다 작은 홀수 중 조건에 맞는 수를 찾으면 작은 수는 3, 큰 수는 9입니다.

509 곱셈식과 나눗셈식

◐ 주어진 문장을 보고 곱셈식과 나눗셈식으로 나타내시오.

수진이네 반 학생들이 한 줄에 7명씩 8줄로 서니 모두 56명입니다.

$7 \times 8 = 56$

→ 수진이네 반 학생 56명이 한 줄에 7명씩 서니 모두 8줄입니다.

$56 \div 7 = 8$

❶ 아이들 4명이 과일을 5개씩 따왔더니 과일이 모두 20개가 되었습니다.

$4 \times 5 = 20$

→ 과일 20개를 아이들 4명이 같은 개수씩 따오려면 한 사람이 5개씩 따와야 합니다.

$20 \div 4 = 5$

❷ 사과를 한 상자에 6개씩 9상자에 나누어 담았더니 모두 54개가 되었습니다.

$6 \times 9 = 54$

→ 사과 54개를 한 상자에 6개씩 나누어 담았더니 9상자가 되었습니다.

$54 \div 6 = 9$

월 일

◐ 주어진 문장을 이용하여 나눗셈식에 맞는 문제를 만들고 식을 완성하시오.

수현이네 반 학생들이 승합차 5대에 8명씩 나누어 탔습니다. 학생 수는 모두 몇 명입니까?

$5 \times 8 =$ 40

→ 수현이네 반 학생 40명이 승합차 5대에 똑같이 나누어 타려면 승합차 한 대에 몇 명씩 타야 합니까?

$40 \div 5 =$ 8

❶ 음료수가 6병씩 들어 있는 상자가 7개 있습니다. 음료수는 모두 몇 병입니까?

$6 \times 7 =$ 42

→ 예 음료수가 모두 42병이 있습니다. 한 상자에 6병씩 들어간다면 모두 몇 상자가 필요합니까?

$42 \div 6 =$ 7

❷ 1주일은 7일이고 여름방학은 5주입니다. 여름방학은 모두 며칠입니까?

$7 \times 5 =$ 35

→ 예 여름방학은 35일입니다. 1주일이 7일이면 여름방학은 몇 주입니까?

$35 \div 7 =$ 5

510 한 식 문장제

◆ □ 안에 알맞은 수를 써넣으시오.

고양이의 다리는 4개입니다. 고양이 9마리의 다리는 모두 몇 개입니까?

식 : [4] × [9] = [36] (개)

❶ 사탕 42개를 상자 7개에 똑같이 나누어 담으려고 합니다. 한 상자에 몇 개씩 담을 수 있습니까?

식 : [42] ÷ [7] = [6] (개)

❷ 연필꽂이에 색연필이 9자루씩 꽂혀 있습니다. 연필꽂이 5개에 꽂혀 있는 색연필은 모두 몇 자루입니까?

식 : [9] × [5] = [45] (자루)

❸ 승합차 1대에는 8명이 탈 수 있습니다. 승합차 6대에는 모두 몇 명이 탈 수 있습니까?

식 : [8] × [6] = [48] (명)

❹ 동화책 21권을 책꽂이에 꽂으려고 합니다. 책꽂이 한 칸에 동화책을 7권씩 꽂는다면 책꽂이는 모두 몇 칸이 필요합니까?

식 : [21] ÷ [7] = [3] (칸)

월 일

◆ 식과 답을 쓰시오.

한 사람이 공깃돌을 6개씩 가지고 있습니다. 친구들 8명이 가지고 있는 공깃돌은 모두 몇 개입니까?

식 : 6×8=48(개) 답 : 48 개

❶ 연필 24자루를 한 사람에게 3자루씩 나누어 주려고 합니다. 몇 명에게 나누어 줄 수 있습니까?

식 : 24÷3=8(명) 답 : 8 명

❷ 곶감 32개를 4명에게 똑같이 나누어 주면 한 사람은 곶감을 몇 개씩 가지게 됩니까?

식 : 32÷4=8(개) 답 : 8 개

❸ 영화를 보기 위해 학생들이 5명씩 8줄로 서 있습니다. 줄을 선 학생들은 모두 몇 명입니까?

식 : 5×8=40(명) 답 : 40 명

❹ 과수원에서 배 54개를 땄습니다. 한 봉지에 6개씩 포장하면 몇 봉지가 됩니까?

식 : 54÷6=9(봉지) 답 : 9 봉지

511 어떤 수 구하기

◆ □를 사용한 식으로 나타내고, 어떤 수를 구하시오.　어떤 수를 □로 나타냅니다.

어떤 수에 7을 곱하였더니 42가 되었습니다. 어떤 수는 얼마입니까?

식 : $\square \times 7 = 42$　어떤 수 : 6

❶ 어떤 수를 3으로 나누었더니 6이 되었습니다. 어떤 수는 얼마입니까?

식 : $\square \div 3 = 6$　어떤 수 : 18

❷ 8에 어떤 수를 곱하였더니 56이 되었습니다. 어떤 수는 얼마입니까?

식 : $8 \times \square = 56$　어떤 수 : 7

❸ 42를 어떤 수로 나누었더니 7이 되었습니다. 어떤 수는 얼마입니까?

식 : $42 \div \square = 7$　어떤 수 : 6

❹ 어떤 수와 6의 곱은 36입니다. 어떤 수는 얼마입니까?

식 : $\square \times 6 = 36$　어떤 수 : 6

❺ 어떤 수를 4로 나누면 몫이 5입니다. 어떤 수는 얼마입니까?

식 : $\square \div 4 = 5$　어떤 수 : 20

월　일

◆ 어떤 수를 구하고 물음에 답하시오.

어떤 수에 7을 곱하였더니 56이 되었습니다. 어떤 수를 4로 나누면 얼마입니까?

어떤 수 : $\square \times 7 = 56$, $\square = 8$
계산하기 : $8 \div 4 = 2$

❶ 어떤 수를 3으로 나누면 몫이 3입니다. 어떤 수에 6을 곱하면 얼마입니까?

어떤 수 : $\square \div 3 = 3$, $\square = 9$
계산하기 : $9 \times 6 = 54$

❷ 64를 어떤 수로 나누면 몫이 8입니다. 어떤 수에 7을 곱하면 얼마입니까?

어떤 수 : $64 \div \square = 8$, $\square = 8$
계산하기 : $8 \times 7 = 56$

❸ 9에 어떤 수를 곱하였더니 36이 되었습니다. 24를 어떤 수로 나누면 몫이 얼마입니까?

어떤 수 : $9 \times \square = 36$, $\square = 4$
계산하기 : $24 \div 4 = 6$

❹ 어떤 수에 7을 곱해야 할 것을 잘못 하여 5를 곱하였더니 35가 되었습니다. 바르게 계산하면 얼마입니까?

어떤 수 : $\square \times 5 = 35$, $\square = 7$
계산하기 : $7 \times 7 = 49$

512 여러 식 문장제

◐ □ 안에 알맞은 수를 써넣으시오.

과수원에서 어제 딴 사과 25개와 오늘 딴 사과 11개를 똑같은 개수씩 4봉지에 나누어 담아 모두 포장하였습니다. 한 봉지에 들어 있는 사과는 모두 몇 개입니까?

[25] + [11] = [36], [36] ÷ [4] = [9] (개)

❶ 하루에 동화책을 민주는 7쪽, 소영이는 9쪽씩 읽습니다. 민주와 소영이가 4일 동안 읽는 동화책은 모두 몇 쪽입니까?

[7] × [4] = [28], [9] × [4] = [36], [28] + [36] = [64] (쪽)

❷ 승희네 모둠 9명이 4권씩 동화책을 가져와서 친구들에게 6권씩 똑같이 나누어 주려고 합니다. 친구 몇 명에게 나누어 줄 수 있습니까?

[9] × [4] = [36], [36] ÷ [6] = [6] (명)

❸ 개미 한 마리의 다리는 6개이고 거미 한 마리의 다리는 8개입니다. 개미가 7마리, 거미가 5마리 있다고 할 때 개미의 다리는 거미의 다리보다 몇 개 더 많습니까?

[6] × [7] = [42], [8] × [5] = [40], [42] − [40] = [2] (개)

월 일

◐ 식과 답을 쓰시오.

수정이네 반 아이들이 운동장에 줄을 지어 서 있습니다. 남학생 16명은 8명씩, 여학생 24명은 6명씩 줄을 섰다면 학생들은 모두 몇 줄로 서 있습니까?

식 : 16÷8=2, 24÷6=4, 2+4=6 답 : 6 줄

❶ 진영이는 사탕을 5개씩 5봉지, 찬희는 7개씩 4봉지 담았습니다. 담은 사탕은 모두 몇 개입니까?

식 : 5×5=25, 7×4=28, 25+28=53 답 : 53 개

❷ 빵이 한 바구니에 8개씩 3바구니가 있습니다. 이 빵을 4개씩 봉지에 담아 모두 포장하였습니다. 포장한 빵은 모두 몇 봉지입니까?

식 : 8×3=24, 24÷4=6 답 : 6 봉지

❸ 철수네 반에서 도서관에 기증하기 위해 책을 모았습니다. 동화책은 8권씩 4상자를 모았고, 위인전은 9권씩 3상자를 모았습니다. 책을 모두 몇 권 모았습니까?

식 : 8×4=32, 9×3=27, 32+27=59 답 : 59 권

잘 공부했는지 알아봅시다

월 일

1 운동장에 학생들이 한 줄에 7명씩 9줄로 서 있습니다. 줄을 서 있는 학생들은 모두 몇 명입니까?

식 : $7\times9=63$ 답 : 63 명

2 배구 시합에 출전한 선수는 한 팀당 6명입니다. 배구 선수 24명으로 배구팀을 몇 팀 만들 수 있습니까?

식 : $24\div6=4$ 답 : 4 팀

3 다음 나눗셈식을 보고 빈칸에 알맞은 수를 써넣으시오.

$30\div6=5$

우리 반 학생 [30] 명을 [6] 명씩 한 모둠으로 만들면 [5] 모둠을 만들 수 있습니다.

4 어머니께서 한 봉지에 8개씩 들어 있는 귤을 6봉지 사오셨습니다. 집에 8개를 남겨 두고 나머지를 이웃 할머니 5분께 똑같이 나누어 드리려고 합니다. 할머니 한 분께 몇 개씩 나누어 드리면 됩니까?

식 : $8\times6=48$, $48-8=40$, $40\div5=8$ 답 : 8 개

수학 개념이 쉽고 빠르게 소화되는
월등한 개념 수학
월등한 개념 수학 중등수학 1-1
월등한 개념 수학 중등수학 2-1
월등한 개념 수학 중등수학 3-1
계통으로 수학이 쉬워지는 새로운 개념기본서
Eugene Lee
월등한 개념 수학 모델
이유진
www.nebooks.co.kr